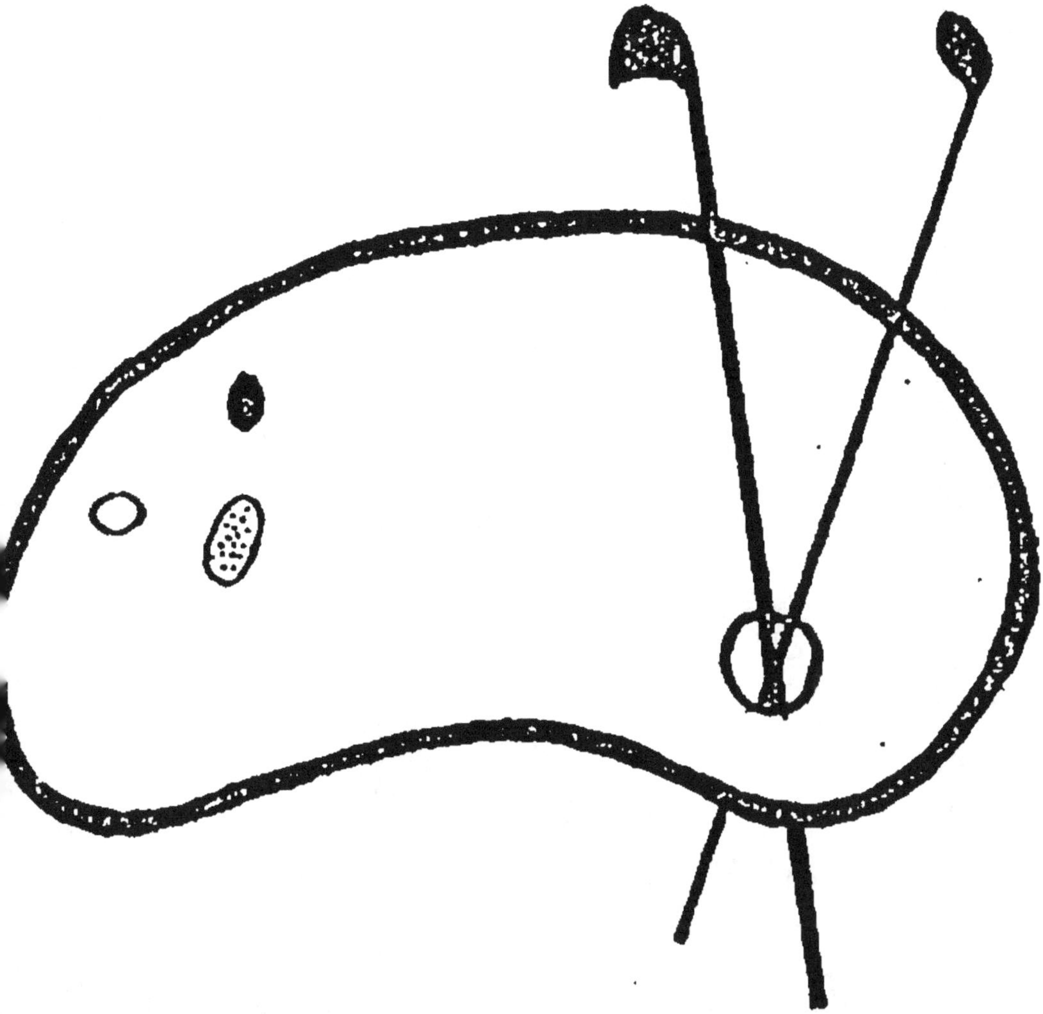

DEBUT D'UNE SERIE DE DOCUMENTS
EN COULEUR

NOUVEAU MANUEL
DES PÈLERINS
AU
MONT-SAINT-MICHEL

RECUEIL DE CANTIQUES & DE PRIÈRES
AU
SAINT ARCHANGE

Vue générale du Mont-Saint-Michel

au profit de l'Ecole Apostolique
LES RR. PP. MISSIONNAIRES
 ̶ SAINT-MICHEL (Manche)

MAGASIN SAINT-MICHEL

(Magasin du Pèlerinage)

Actuellement le seul fondé au profit des Bonnes Œuvres

Tenu par les Religieuses de N.-D. du Carmel d'Avranches et situé au pied du Châtelet ou entrée principale de l'Abbaye.

ON Y TROUVE :

1° *Photographies du Mont-Saint-Michel*, vues générales et vues particulières, collées sur cartons et non collées, formats et prix divers;

2° *Albums du Mont-Saint-Michel*, formats, nombre de vues, et prix variés;

3° *Images et gravures de saint Michel*, jolies variétés de 1 fr. à 0 fr. 50 la douzaine;

4° *Chapelets de saint Michel*, grand choix depuis 0 fr. 25, chaîne fer, grains imitation coco jusqu'à 8 fr., chaîne argent, grains coco, nacre, cornaline, etc.;

5° *Médailles de saint Michel*, choix considérable :
  Médailles en or, de 3 fr. 50 à 10 fr. pièce;
  — en argent, de 0 fr. 20 à 3 fr. 50 pièce;
  — en maillechort, de 0 fr. 60 à 2 fr. 75 la douzaine;
  — en cuivre, de 0 fr. 20 à 1 fr. la douzaine;

6° *Statuettes de saint Michel*, métal bronzé, nickelé, argenté ou doré, avec ou sans socle, magnifique choix depuis 1 fr. jusqu'à 18 fr.;

7° *Bénitiers* très variés comme forme, dessin et richesse, depuis 6 fr. jusqu'à 35 fr.;

8° *Bijoux de saint Michel*, fabriqués spécialement pour le pèlerinage, variété considérable de broches et épingles, chaînes et bracelets, médaillons et anneaux, etc.;

9° *Livres de piété et d'histoire* concernant saint Michel et le Mont-Saint-Michel.

Le Magasin Saint-Michel est rigoureusement fermé les dimanches et jours de fête.

Imp. Fr. Simon, Rennes (658-96.)

BIBLIOGRAPHIE

Livres en Vente chez les RR. PP. du Mont Saint-Michel

Saint Michel et le Mont-Saint-Michel, par Mgr GERMAIN et l'abbé BRIN. 1 vol. in-12, illustré de 29 gravures 3 50

Les Merveilles du Mont-Saint-Michel, par P. FÉVAL. 1 vol. in-12. . . . . 3 »

Le Mont-Saint-Michel en poche, par V. JACQUES. 1 vol. in-8. . . . . 1 »

Saint Michel Archange, ses apparitions, son culte, par l'abbé SOYER. 1 vol. in-12 . . . . 3 »

Mois de Saint Michel, par l'abbé SOYER. 1 vol. in-12 . . . . 2 »

Petit Mois de Saint Michel, par l'abbé SOYER. 1 vol. in-32 . . . . » 60

La Vie Angélique, par l'abbé SOYER. 1 vol. in-18. . » 75

Saint Michel et les Saints Anges, par l'abbé SOYER. 1 vol. in-18 fort . . . . 2 »

Mois de Septembre, Mois de Saint Michel, par l'abbé FIERVILLE. Charmant vol. in-32. . . . . 1 25

Saint Michel, d'après la Bible et la Tradition, par le P. MARIN DE BOYLESVE. 1 vol. in-32. . . . » 30

Le Mont-Saint-Michel, Merveille de l'Occident, par le R. P. Supérieur du Mont-Saint-Michel. Charmante plaquette, illustrée de 33 gravures, édition de propagande . . . . » 15

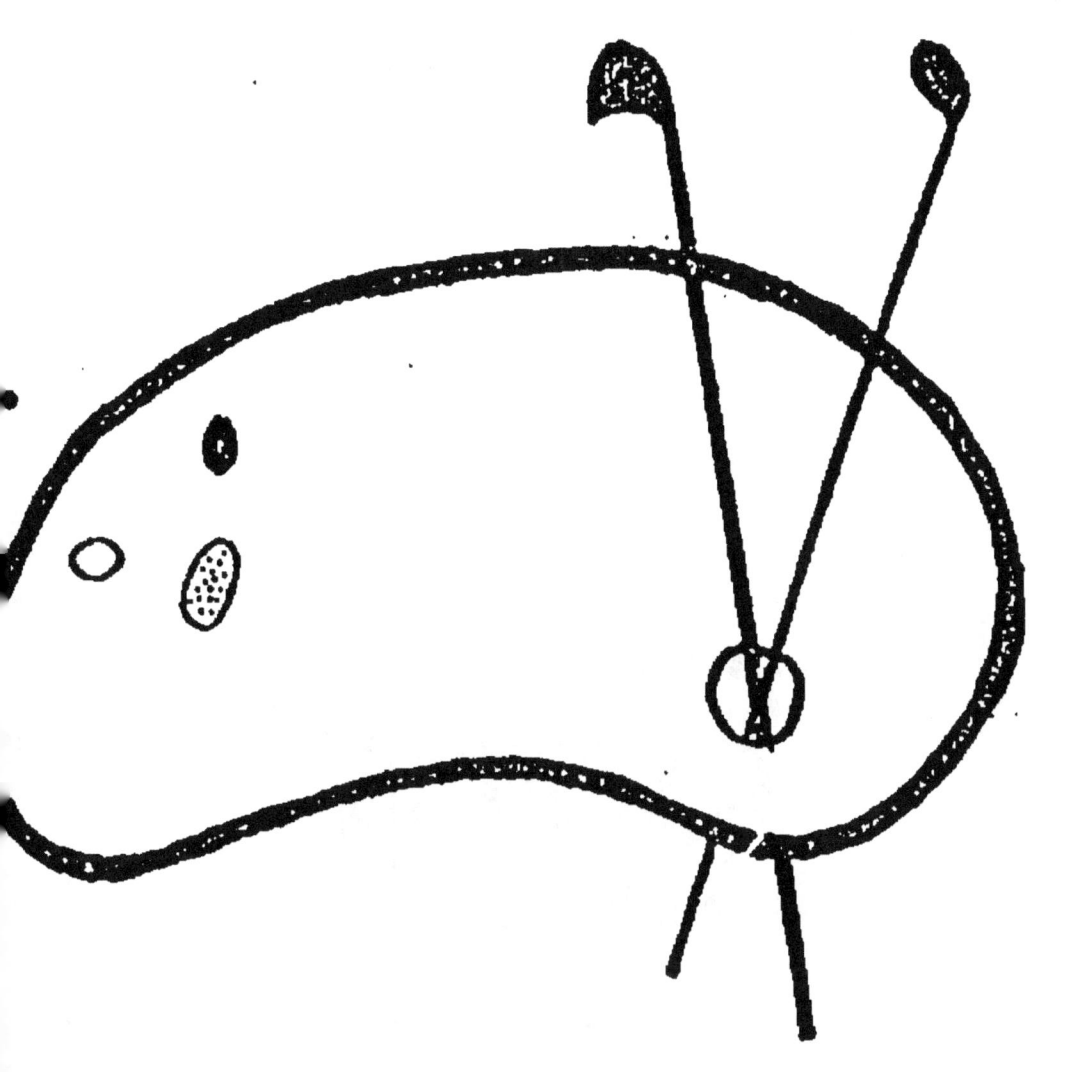

FIN D'UNE SERIE DE DOCUMENTS EN COULEUR

NOUVEAU MANUEL

DES PÈLERINS

AU

MONT-SAINT-MICHEL

RECUEIL

De Cantiques & de Prières au Saint Archange

QVIS VT DEVS !

SE VEND AU PROFIT DE L'ÉCOLE APOSTOLIQUE
Chez les RR. PP. Missionnaires
Du MONT-SAINT-MICHEL (Manche)

PÈLERINAGE

AU

GLORIEUX ARCHANGE SAINT MICHEL

FAVEURS ET PRIVILÈGES

UNE indulgence plénière est accordée à tous les prêtres et fidèles venant en pèlerinage au Mont-Saint-Michel. On peut la gagner une fois par mois, en remplissant les conditions requises : confession, communion, prière au saint Archange selon les intentions du Souverain Pontife. (Indults des 12 janvier 1866 et 2 avril 1887.)

Tous les prêtres pèlerins peuvent dire la messe de saint Michel en célébrant dans l'église du Pèlerinage, les jours qui ne sont pas doubles de première ou de deuxième classe. (Indult, 12 mars 1887).

Tant que la célèbre Basilique du saint Archange demeurera interdite au culte, l'Église paroissiale du Mont-Saint-Michel jouira des privilèges du Pèlerinage.

PRINCIPALES SOLENNITÉS

1. L'Apparition de saint Michel au Mont-Gargan, 8 mai.
2. La fête anniversaire commémorative du Couronnement, célébrée chaque année le lundi de la Pentecôte.
3. La fête de N.-D. des Anges, 2 août (Portioncule).
4. La fête de saint Aubert, 10 septembre.
5. La fête de saint Michel, 29 septembre.
6. L'Apparition de saint Michel à saint Aubert, 16 octobre.

EXERCICES DU PÈLERINAGE

La veille de la solennité. A la tombée de la nuit, réunion à l'Église ; chant des premières vêpres de la fête ; procession aux flambeaux.

Le jour de la solennité. A 7 heures 1/2, messe de communion. — A 10 heures, Messe Solennelle et Sermon. — A 2 heures, Chapelet de saint Michel ; Bénédiction des objets de piété ; Procession et Station à la Croix de Jérusalem ; Allocution ; au retour, Salut du Très Saint Sacrement.

A la tombée de la nuit, deuxièmes vêpres de la fête et Salut Solennel.

L'Insigne du Pèlerinage du Mont-Saint-Michel est la coquille traditionnelle attachée sur la poitrine avec un ruban bleu et blanc.

CHANTS
POUR LE PÈLERINAGE

CHANTS LITURGIQUES

LITANIES DES SAINTS

À partir de l'invocation *Sancta Maria*, tous les Pèlerins reprennent en chœur après chaque invocation : *Sancte Michael, ora pro nobis.*

KYRIE eleison.
Christe eleison.
Kyrie eleison.
Christe, audi nos.
Christe, exaudi nos.
Pater de cœlis, Deus, miserere nobis.
Fili, Redemptor mundi, Deus, miserere nobis.
Spiritus sancte, Deus, miserere nobis.
Sancta Trinitas unus Deus, miserere nobis.
Sancta Maria, ora pro nobis.
Sancta Dei Genitrix,
Sancta Virgo virginum,
Sancte Michael,
Sancte Gabriel,

Sancte Raphael, ora pro n.
Omnes sancti Angeli et Archangeli, orate pro nobis.
Omnes sancti beatorum spirituum ordines.
Sancte Joannes Baptista, ora pro nobis.
Sancte Joseph,
Omnes sancti Patriarchæ et Prophetæ, orate pro nob.
Sancte Petre, ora pro nobis.
Sancte Paule,
Sancte Andrea,
Sancte Jacobe,
Sancte Joannes,
Sancte Thoma,
Sancte Jacobe,
Sancte Philippe,
Sancte Bartholomæe,
Sancte Matthæe,
Sancte Simon,
Sancte Thaddæe,
Sancte Matthia,
Sancte Barnaba,
Sancte Luca,
Sancte Marce,
Omnes sancti Apostoli et Evangelistæ, orate pro nobis.
Omnes sancti Discipuli Domini,
Omnes sancti Innocentes,
Sancte Stephane, ora pro nobis.
Sancte Laurenti,
Sancte Vincenti,
Sancti Fabiane et Sebastiane, orate pro nobis.
Sancti Joannes et Paule,
Sancti Cosma et Damiane,
Sancti Gervasi et Protasi,
Omnes sancti Martyres,
Sancte Sylvester, ora pro n.
Sancte Gregori,
Sancte Ambrosi,
Sancte Augustine,
Sancte Hieronyme,
Sancte Martine,
Sancta Nicolae,
Omnes sancti Pontifices et Confessores, orate pro nobis.
Omnes sancti Doctores,
Sancte Antoni, ora pro nobis.
Sancte Benedicto,
Sancte Bernarde,
Sancte Dominice,
Sancte Francisce,
Omnes sancti Sacerdotes et Levitæ, orate pro nobis.
Omnes sancti Monachi et Eremitæ,
Sancta Maria Magdalena, ora pro nobis.

Sancta Agatha, ora pro nobis.
Sancta Lucia,
Sancta Agnes,
Sancta Cæcilia,
Sancta Catharina,
Sancta Anastasia,
Omnes sanctæ Virgines et Viduæ, orate pro nobis.
Omnes Sancti et sanctæ Dei, intercedite pro nobis.
Propitius esto, parce nobis, Domine.
Propitius esto, exaudi nos, Domine.
Ab omni malo, libera nos, Domine.
Ab omni peccato,
Ab ira tua,
A subitanea et improvisa morte,
Ab insidiis diaboli,
Ab ira, et odio et omni mala voluntate,
A spiritu fornicationis,
A fulgure et tempestate,
A flagello terræ motus,
A peste, fame et bello,
A morte perpetua,
Per mysterium sanctæ incarnationis tuæ,
Per adventum tuum, libera.
Per nativitatem tuam,
Per baptismum, et sanctum jejunium tuum, libera.
Per crucem et passionem tuam,
Per mortem et sepulturam tuam,
Per sanctam resurrectionem tuam,
Per admirabilem ascensionem tuam,
Per adventum Spiritus sancti Paracliti,
In die judicii,
Peccatores, Te rogamus, audi nos.
Ut nobis parcas,
Ut nobis indulgeas,
Ut ad veram pœnitentiam nos perducere digneris,
Ut Ecclesiam tuam sanctam regere et conservare digneris,
Ut Dominum Apostolicum et omnes Ecclesiasticos ordines in sancta religione conservare digneris,
Ut inimicos sanctæ Ecclesiæ humiliare digneris,
Ut regibus et principibus Christianis pacem et veram concordiam donare digneris,
Ut cuncto populo christiano pacem et unitatem largiri digneris,

Ut nosmetipsos in tuo sancto servitio confortare et conservare digneris, te rog.
Ut mentes nostras ad cœlestia desideria erigas,
Ut omnibus benefactoribus nostris sempiterna bona retribuas,
Ut animas nostras, fratrum, propinquorum, et benefactorum nostrorum ab æterna damnatione eripias,
Ut fructus terræ dare et conservare digneris,
Ut omnibus fidelibus defunctis, requiem æternam donare digneris,
Ut nos exaudire digneris,
Fili Dei, te rogamus.

Agnus Dei, qui tollis peccata mundi, parce nobis, Domine.
Agnus Dei, qui tollis peccata mundi, exaudi nos, Domine.
Agnus Dei, qui tollis peccata mundi, miserere nobis.
Christe, audi nos.
Christe, exaudi nos.
Kyrie eleison.
Christe eleison.
Kyrie eleison.
  Pater noster, *secr.*
  ℣. Et ne nos inducas in tentationem.
  ℟. Sed libera nos a malo.

Oremus.

Deus, cui proprium est misereri semper, et parcere; suscipe deprecationem nostram : ut nos, et omnes famulos tuos, quos delictorum catena constringit, miseratio tuæ pietatis clementer absolvat. Per Christum Dominum nostrum.

CHANTS A LA SAINTE VIERGE

HYMNE

Ave, maris stella,
Dei Mater alma,
Atque semper virgo,
Felix cœli porta.

Sumens illud Ave
Gabrielis ore,
Funda nos in pace,
Mutans Evæ nomen.

Solve vincla reis,
Profer lucem cæcis,
Mala nostra pelle,
Bona cuncta posce.

Monstra te esse matrem ;
Sumat per te preces
Qui pro nobis natus
Tulit esse tuus.

Virgo singularis,
Inter omnes mitis,
Nos culpis solutos
Mites fac et castos.

Vitam præsta puram,
Iter para tutum,
Ut videntes Jesum,
Semper collætemur.

Sit laus Deo Patri,
Summo Christo decus,
Spiritui sancto
Tribus honor unus. Amen.

CANTIQUE

Magnificat * anima mea Dominum,
    Et exultavit spiritus meus * in Deo salutari meo :
  Quia respexit humilitatem ancillæ suæ : * ecce enim ex hoc beatam me dicent omnes generationes :

Quia fecit mihi magna qui potens est, * et sanctum nomen ejus.

Et misericordia ejus a progenie in progenies * timentibus eum.

Fecit potentiam in brachio suo : * dispersit superbos mente cordis sui.

Deposuit potentes de sede, * et exaltavit humiles.

Esurientes implevit bonis : * et divites dimisit inanes.

Suscepit Israel puerum suum, * recordatus misericordiæ suæ,

Sicut locutus est ad patres nostros, * Abraham, et semini ejus in sæcula.

Gloria Patri, etc.

Oremus.

CONCEDE nos famulos tuos, quæsumus, Domine Deus, perpetua mentis et corporis sanitate gaudere : et gloriosa beatæ Mariæ semper Virginis intercessione, a presenti liberari tristitia, et æterna perfrui lætitia. Per Christum.

CANTIQUE D'ACTION DE GRACES

TE Deum laudamus, * te Dominum confitemur.

Te æternum Patrem * omnis terra veneratur.

Tibi omnes Angeli, * tibi Cœli, et universæ Potestates ;

Tibi Cherubim et Seraphim * incessabili voce proclamant.

Sanctus, Sanctus, Sanctus * Dominus, Deus Sabaoth.

Pleni sunt cœli et terra * majestatis gloriæ tuæ.
Te gloriosus * Apostolorum chorus,
Te prophetarum * laudabilis numerus,
Te Martyrum candidatus * laudat exercitus,
Te per orbem terrarum * sancta confitetur Ecclesia.
Patrem * immensæ majestatis ;
Venerandum tuum verum * et unicum Filium ;
Sanctum quoque * Paraclitum Spiritum.
Tu Rex gloriæ, * Christe !
Tu Patris * sempiternus es Filius.
Tu ad liberandum suscepturus hominem, * non horruisti Virginis uterum.
Tu, devicto mortis aculeo, * aperuisti credentibus regna cœlorum.
Tu ad dexteram Dei sedes * in gloria Patris.
Judex crederis * esse venturus.
Tu ergo quæsumus, tuis famulis subveni, * quos pretioso sanguine redemisti.
Æterna fac cum Sanctis tuis * in gloria numerari.
Salvum fac populum tuum, Domine, * et benedic hæreditati tuæ.
Et rege eos, * et extolle illos usque in æternum.
Per singulos dies * benedicimus te :
Et laudamus nomen tuum in sæculum, * et in sæculum sæculi.
Dignare, Domine, die isto * sine peccato nos custodire.
Miserere nostri, Domine, * miserere nostri.
Fiat misericordia tua, Domine, super nos, * quemadmodum speravimus in te.
In te, Domine, speravi, * non confundar in æternum.

HYMNE A SAINT MICHEL

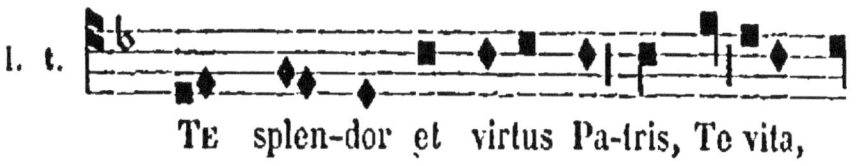

Te splen-dor et virtus Pa-tris, Te vita,

Jesu, cor-di-um, Ab ore qui pen-dent tuo, Lau-

da-mus in- ter An- gelos.

Tibi mille densa millium
Ducum corona militat;
Sed explicat victor Crucem
Michael salutis Signifer.

Draconis hic dirum caput
In ima pellit tartara,
Ducemque cum rebellibus
Cœlesti ab arce fulminat.

Contra ducem superbiæ
Sequamur hunc nos Princi-
 [pem,
Ut detur ex Agni throno
Nobis corona gloriæ.

Patri, simulque Filio,
Tibique, Sancte Spiritus,
Sicut fuit, sit jugiter
Sæclum per omne gloria.
  Amen.

INVOCATIONS A SAINT MICHEL

† Sancte Micha-ël Archangele, de-fende nos in præli-o, ut non pere-amus in tremendo judici-o.

℣. Princeps glori-osis-sime, Micha-ël Archange-le, esto memor nostri hic et ubique, semper precare pro nobis Fi-li-um De-i. † Sancte.

Traduction.

† Saint Michel Archange, défendez-nous dans le combat afin que nous ne succombions pas dans le redoutable jugement.

℣. Prince très glorieux, Archange saint Michel, souvenez-vous de nous, et priez le Fils de Dieu pour nous, partout et toujours. † Saint Michel.

℟j. ℣. Dum committeres bellum cum dracone, audita est in Cœlo vox dicentium : Salus, honor et virtus omnipotenti Deo. ✝ Sancte.

℟ij. ℣. Concussum est mare, contremuit terra, ubi descendebas de Cœlo; veni in adjutorium populo Dei. ✝ Sancte.

Traduction.

℟j. ℣. Tandis que vous livriez le combat au dragon, on entendit dans le Ciel la voix de ceux qui disaient : Salut, honneur et gloire au Dieu tout-puissant. ✝ Saint Michel.

℟ij. ℣. La mer se souleva, la terre trembla, quand vous descendiez du Ciel; venez en aide au peuple de Dieu. ✝ Saint Michel.

℟. CONSURGE, Mi-cha-ël, sta pro fi-li-is nostris, salventur omnes scripti in libro vitæ; sta in au-xi-li-um animabus justis. ✝ SANCTE.

℣. ARCHANGELE Micha-ël, præ-posi-te Para-disi, quem honorificant Angelorum cives; nos omnes per-ducas in Paradisum exulta-ti-o-nis. ✝ SANCTE.

Traduction.

℟. Levez-vous, Michel, prenez place pour défendre nos enfants; que tous soient sauvés, inscrits au livre de vie; prenez place pour secourir les âmes des justes. ✝ Saint Michel.

℣. Archange saint Michel, gardien du Paradis, vous qui êtes honoré par tous les concitoyens des Anges, conduisez-nous tous au Paradis, séjour de la joie éternelle. ✝ Saint Michel.

A LA CROIX

O Crux, ave, spes unica,
Gentis redemptæ gloria,
Piis adauge gratiam
Reisque dele crimina.

℣. Salvum fac populum tuum, Domine, ℟ Et benedic hæreditati tuæ.

Oremus.

ECCLESIÆ tuæ, quæsumus, Domine, preces placatus admitte : ut, destructis adversitatibus et erroribus universis, securâ tibi serviat libertate. Per Christum.

POUR LE SOUVERAIN PONTIFE

DOMINE, salvum fac Pontificem nostrum N. et exaudi nos in die quâ invocaverimus te.

℣. Oremus pro Pontifice nostro N. ℟. Dominus conservet eum, et vivificet eum, et beatum faciat eum in terra, et non tradat eum in animam inimicorum ejus.

Oremus.

DEUS, omnium fidelium pastor et rector, famulum tuum N., quem pastorem Ecclesiæ tuæ præesse voluisti, propitius respice : da ei, quæsumus, verbo et exemplo, quibus præest proficere ; ut ad vitam, una cum grege sibi credito, perveniat sempiternam. Per Christum Dominum.

A SAINT AUBERT

HYMNE

Iste confessor Domini, colentes
Quem piè laudant populi per orbem,
Hâc die lætus meruit supremos
    Laudis honores.

Qui pius, prudens, humilis, pudicus,
Sobriam duxit sine labe vitam,
Donec humanos animavit auræ
    Spiritus artus.

Cujus ob præstans meritum frequenter,
Ægra quæ passim jacuêre membra,
Viribus morbi domitis, saluti
    Restituuntur.

Noster hinc illi chorus obsequentem,
Concinit laudem, celebresque palmas;
Ut piis ejus precibus juvemur
    Omne per ævum.

Sit salus illi, decus, atque virtus,
Qui super cœli solio coruscans,
Totius mundi seriem gubernat
    Trinus et unus.
                  Amen.

℣. Amavit eum Dom' us, et ornavit eum.
℟. Stolam loriæ induit m.

Oremus.

Deus, qui beatum Aubertum confessorem tuum atque Pontificem, inter cœtera gratiæ tuæ dona, Angelicâ visitatione illustrare dignatus es : concede, quæsumus, ut ejus meritis et intercessione, Angelorum consortium assequi mereamur. Per Christum Dominum nostrum.

HYMNE

DE LA DÉDICACE DU MONT-SAINT-MICHEL

PROPRE AU DIOCÈSE DE COUTANCES

Cœlitum regi solitas sub altâ
Dum preces supplex humilisque nocte
Fundit Aubertus, Michael sereno
    Labitur axe.

Ut sibi templum struat, ac novennis
Alitum turmis, jubet in propinquâ
Rupe quam Tumbam populus vetusto
    Nomine dixit.

Ille cunctatur trepidatque jussa
Exequi, verum Michael morantem
Increpans rursùs redit ac severis
    Vocibus urget.

Præsul accingens operi, cacumen
Montis ascendit spatiumque laxat
Quo superstructi pretiosa surgant
    Mœnia templi.

Ædis ut primum stetit alta moles
Deligit lectos, morâ nullâ mystas
Qui Deo dignas studeant frequenter
    Dicere laudes.

At Beatorum cineres et ossa
Martyrum sanctis venerata bustis
Colligens, templo decus in recenti
    Dulce reponit.

Hinc opem rebus dubiis vocare
Francus, huc voti reus advolare
Gaudet ac grates Domino rependens
    Visere templum.

Laus Patri, rerum Domino, perennis ;
Par decus Nato Patre non minori ;
Æquus amborum sit honos Amori
    Omne per ævum.
                      Amen.

℣. In conspectu Angelorum psallam tibi, Deus meus.

℟. Adorabo ad templum sanctum tuum et confitebor nomini tuo.

Oremus.

OMNIPOTENS sempiterne Deus, qui nos, singulari prærogativâ, gloriosâ beati Michaelis Archangeli apparitione recreari dignatus es : da supplicibus et ejus præsenti in terris semper protectione defendi, et æternâ in cœlis societate gaudere. Per Christum Dominum nostrum.

INVOCATIONS

Sancta Maria de Monte Tumbâ, ora pro nobis.
Regina Angelorum, ora pro nobis.
Sancte Michael, ora pro nobis.
Omnes sancti Beatorum Spirituum Ordines, orate pro nobis.
Sancte Petre, ora pro nobis.
Sancte Auberte, ora pro nobis.
Omnes sancti Pontifices et Confessores, orate pro nobis.
Omnes sancti Monachi et Eremitæ, orate pro nobis.
Omnes sancti et Sanctæ Dei, intercedite pro nobis.

CANTIQUES

CANTIQUE DES PÈLERINAGES

Andantino. — Refrain.

Saint Mi- chel, à vo- tre puis- san-

ce, Nous ve- nons de- man- der l'ap-pui des an-ciens

jours; Qu'il monte jus- qu'- au Ciel ce vieux cri de la

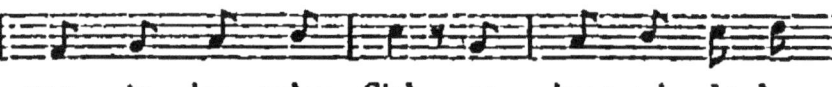
Fran- ce : Saint Mi- chel, à no- tre se- cours; Qu'il

mon- te jus- qu'au Ciel ce vieux cri de la

2. L'Enfer déchaîné sur la terre
Redouble sa rage et ses coups ;
Défendez-nous dans cette guerre,
Contre lui combattez pour nous.

Saint Michel, etc.

3. Partout la haine et l'imposture,
Le crime et le vice odieux,
Frémissant d'une rage impure,
Lèvent leurs fronts contre les Cieux.

Saint Michel, etc.

4. « Avec Dieu, disent les impies,
   Il faut en finir à jamais! »
   Ils blasphèment, dans leurs folies,
   Et sa puissance et ses bienfaits.

   Saint Michel, etc.

5. Vous êtes patron de l'Église,
   Contre la fureur des méchants
   La garde vous en est commise:
   Ah! conservez-lui ses enfants!

   Saint Michel, etc.

6. Du Christ regardez le vicaire,
   Si grand, si ferme en ses revers!
   Et que votre bras tutélaire
   Le délivre et brise ses fers!

   Saint Michel, etc.

7. Infidèle à son divin Maître,
   Et marchant d'erreurs en erreurs,
   Notre France a vu disparaître
   Et son repos et ses grandeurs.

   Saint Michel, etc.

8. Vous êtes patron de la France,
   Et bien des fois nos souverains,
   Vous appelant à sa défense,
   Mirent leur épée en vos mains.

   Saint Michel, etc.

9. Souvenez-vous que notre France
De l'Église fut le soutien,
Et qu'elle est encor l'espérance
Du Pape et du monde chrétien.

    Saint Michel, etc.

10. Délivrez l'Église et la France
Qui réclament votre secours ;
Armez-vous pour leur délivrance,
Sauvez-les ! gardez-les toujours !

ANCIEN CANTIQUE SPIRITUEL

A LA LOUANGE DE SAINT MICHEL ARCHANGE

Saint Mi-chel, Ar-chan-ge des mers, Vo-

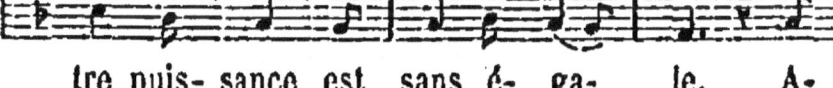
tre puis-sance est sans é-ga-le, A-

yant ren-ver-sé Lu-ci-fer, Mal-gré sa fu-reur

in-fer-na-le, Nous nous pros-ter-nons

de- vant vous, Saint Ar- chan- ge, priez pour nous

2. Vous êtes l'ornement des cieux,
Et la gloire vous est acquise,
Prince des Esprits glorieux
Et le protecteur de l'Église ;
Nous avons tous recours à vous,
Saint Archange, priez pour nous.

3. Vous défendez les gens de bien,
Et le pauvre dans l'indigence
Ne manquera jamais de rien
Lorsque vous serez sa défense ;
Nous avons tous recours à vous,
Saint Archange, priez pour nous.

4. Vous consolez les Pèlerins
Qui, pour vous rendre leurs hommages,
Vous invoquent par les chemins,
Afin d'obtenir vos suffrages :
Nous avons tous recours à vous,
Saint Archange, priez pour nous.

5. C'est vous, Archange glorieux,
Qui portez l'arme de Victoire ;
Nous venons vous offrir nos vœux
Et chanter en votre mémoire :

Nous avons tous recours à vous,
Saint Archange, priez pour nous.

6. Nous n'aurons que vous, au moment
Que viendra le Juge sévère
Pour tenir son grand Jugement,
Qui puisse adoucir sa colère ;
Nous avons tous recours à vous,
Saint Archange, priez pour nous.

7. Lorsqu'à l'article de la mort
Le Diable nous veut surprendre,
Daignez dans ce dernier effort
Venir du ciel pour nous défendre ;
Nous avons tous recours à vous,
Saint Archange, priez pour nous.

8. Nous vous prions à jointes mains,
Prosternés en votre présence,
De nous aider en nos besoins ;
Soyez, grand Saint, notre défense ;
Nous avons tous recours à vous,
Saint Archange, priez pour nous.

9. O Saint Michel, qui, dans le Ciel,
Chantez du Très-Haut les louanges ;
Saint Raphaël, Saint Gabriel,
Anges, Chérubins et Archanges,
Priez le Rédempteur pour nous ;
Anges du Ciel, priez pour nous.

QUIS UT DEUS

Vte L. LE M^t.

1. Quis ut Deus!... C'est le cri de vic-toi-re
Qui fit ja- dis tri- om-pher saint Mi- chel :
Ré- pé- tons-le, car ce cri c'est sa gloi- re!
Que de nos cœurs il mon-te jusqu'au ciel!...
Quis ut De-us! Quis ut De-us! Et dans les splen-
deurs é-ter-nel-les Lorsque ce chant re - ten - ti-
ra, Le chef des mi- li- ces fi- dè- les D'un
saint or- gueil tres- sail- li- ra... Quis ut De-us!
Quis ut De- us!

2. Et maintenant, comme hélas ! rien ne change,
Lucifer souffle encor partout son feu !
A nous ! chrétiens ! comme le grand Archange,
Humbles guerriers ! défendons notre Dieu !
    Quis ut Deus ! Quis ut Deus !   *Ref.*

3. Quand autrefois notre France si chère
Comme aujourd'hui se voyait déchirer,
Il inspirait une vierge guerrière
Au nom de Dieu, — qui put lui resister ?...
    Quis ut Deus ! Quis ut Deus !   *Ref.*

4. Sur son drapeau, d'après son ordre même,
Se déployait l'image du Sauveur
Pour affirmer sa royauté suprême
Et triompher au nom du Dieu vainqueur.
    Quis ut Deus ! Quis ut Deus !   *Ref.*

5. Regardez-le, Protecteur de la France,
Ce pauvre peuple encor humilié ;
Comme autrefois reprenez sa défense ;
Comme autrefois *il fait grande pitié* ! (*)
    Quis ut Deus ! Quis ut Deus !   *Ref.*

6. L'Église aussi, comme sa fille aînée,
Souffre aujourd'hui d'ineffables douleurs.
Beaucoup, hélas ! l'ont presque abandonnée ;
Vous, saint Michel ! aidez ses défenseurs !
    Quis ut Deus ! Quis ut Deus !   *Ref.*

(*) Paroles de saint Michel à Jeanne d'Arc.

7. Quand de Jésus l'infaillible Vicaire
   A couronné votre front glorieux,
   C'est le moment d'exaucer sa prière,
   De le sauver ; il est si malheureux !
       Quis ut Deus ! Quis ut Deus !   *Ref.*

8. Puis, quand viendra cette heure si terrible
   De nous armer pour les derniers combats,
   Oh ! soyez là ! tout près... chef invincible,
   Pour rendre fort le cœur de vos soldats !
       Quis ut Deus ! Quis ut Deus !   *Ref.*

9. Vous combattrez à cette heure dernière
   Avec eux tous pour leur gagner le ciel !
   Que tous alors suivent votre bannière
   Et que pas un ne manque à votre appel !
       Quis ut Deus ! Quis ut Deus !   *Ref.*

Cte DE PALYS.

A SAINT MICHEL & AUX SAINTS ANGES

CANTIQUE DES ENFANTS

Mouv^t de Marche.

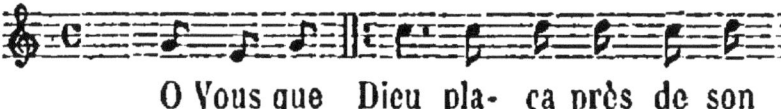
O Vous que Dieu pla- ça près de son

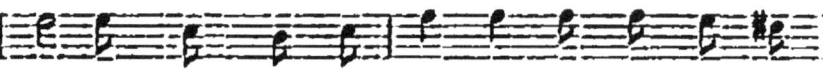
trô- ne, Grand Saint Mi- chel, Ar- chan- ge glo- ri-

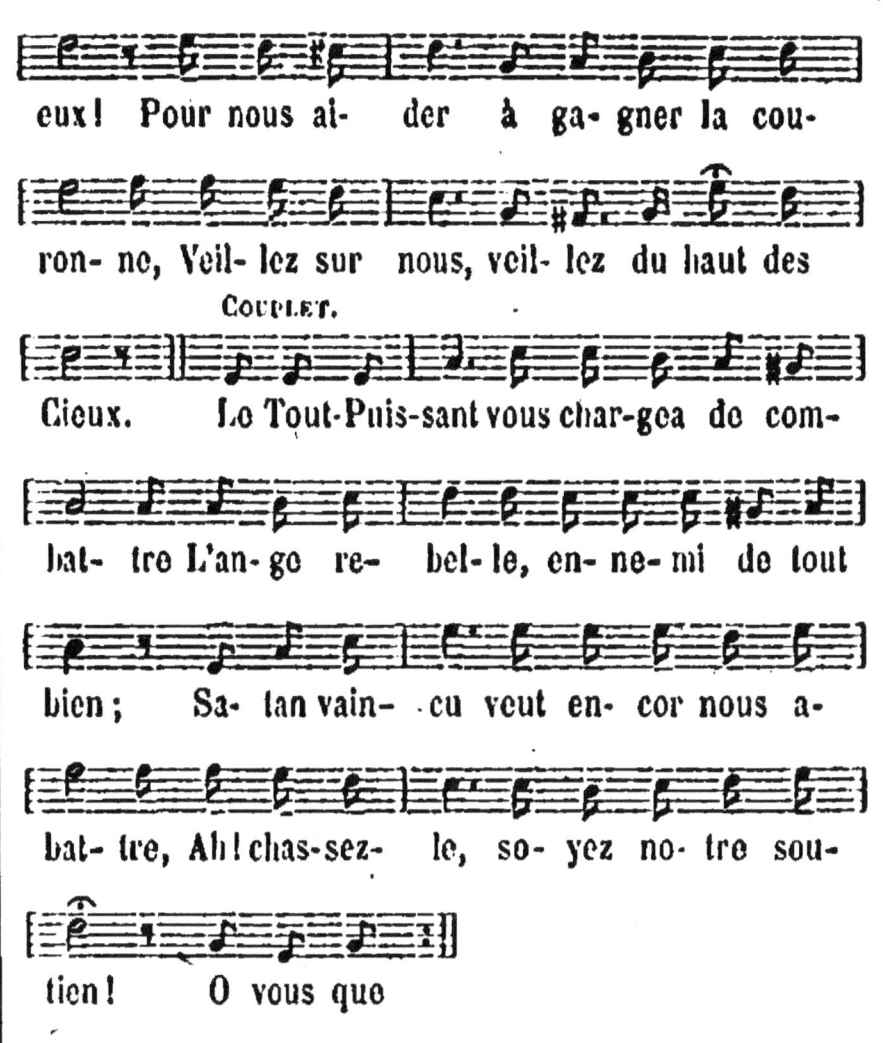

2. Inspirez-nous respect, reconnaissance
Pour l'Éternel, objet de votre amour ;
Obtenez-nous la prompte obéissance
Qui vous fit vaincre au céleste séjour !

3. Vous possédiez la sagesse en partage,
Don du Très-Haut, don trois fois précieux ;
Son pur éclat rayonne davantage
Depuis que Dieu vous fait régner aux cieux.

4. Inspirez-nous la sainte horreur du vice,
   Esprit sans tache, éloignez tout excès ;
   Nous travaillons : ah ! soyez-nous propice !
   Nous vous offrons nos travaux, nos succès !

5. Soldat de Dieu ! de la France guerrière
   Soyez toujours le vaillant défenseur !
   Qu'à ses drapeaux votre noble bannière
   Donne à jamais la victoire et l'honneur !

6. « Qui pourrait être au ciel ou sur la terre
   Comme son Dieu, puissant et glorieux ? »
   Vous l'avez dit ;... Par votre cri de guerre
   Nous confondrons tout rebelle orgueilleux !

7. A son banquet quand Jésus nous convie,
   Quand il viendra pour la première fois,
   Pour rendre grâce à l'Auteur de la vie,
   Anges du ciel, prêtez-nous votre voix.

8. Quand nous doutons, aidez-nous à comprendre
   Les bons desseins qu'inspire le Seigneur ;
   Et sur vos pas toujours faites-nous prendre
   Le droit chemin qui mène au vrai bonheur.

9. Puissants patrons, soyez notre lumière,
   Nous voulons tous imiter vos vertus :
   Soutenez-nous dans la sainte carrière :
   Obtenez-nous le bonheur des Élus !

10. Du haut des cieux, sainte Reine des Anges,
Daignez toujours exaucer vos enfants !
A vous nos cœurs, nos travaux, nos louanges,
« Plutôt mourir que trahir nos serments ?

PUISSANT PROTECTEUR

Puis- sant pro- tec- teur de la Fran-ce, Mi- chel, don- nez- nous votre ar- deur, Ins- pi- rez-nous vo- tre vail- lan- ce Con- tre l'en-ne-mi du Sei- gneur.

COUPLET.

Quand Sa- tan, cet an- ge re- bel- le, Voulut se com- pa- rer à Dieu, Sous vos

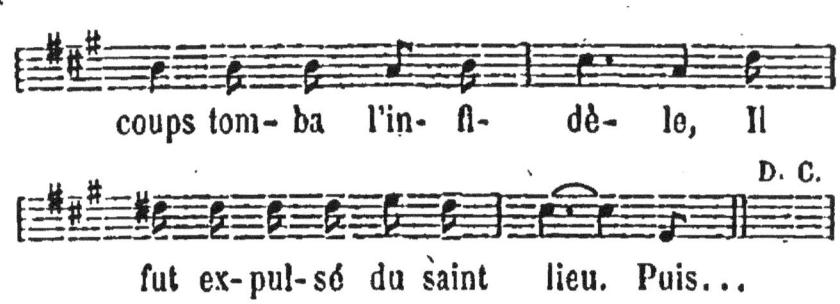

coups tom- ba l'in- fi- dè- le, Il
fut ex-pul-sé du saint lieu. Puis...

2. Jaloux de penser que son trône
   Sera le prix de nos vertus,
   Il veut nous ravir la couronne
   Que Dieu promet à ses élus.

3. Contre nous, quand il se relève,
   Venez, Archange glorieux,
   Armez-vous du céleste glaive
   Qui vous rendit victorieux.

4. O vainqueur des Anges rebelles,
   Défendez-nous dans nos combats ;
   Et couvrez de vos blanches ailes
   Tous vos enfants, tous vos soldats !

5. Grand Saint, de victoire en victoire
   Conduisez-nous sous vos drapeaux,
   Afin qu'avec vous dans la gloire
   Nous goûtions l'éternel repos.

AMENDE HONORABLE
AU SACRÉ-CŒUR DE JÉSUS

Ce cantique est une imitation
du *Miserere* de Marie Jenna, inséré au *Rosier de Marie*.

1. Cœur trans-per-cé pour nous, des cri-mes de la ter-re Ne vous sou-ve-nez plus; Ne vous sou-ve-nez plus; Du cri qui reten-tit ja-dis sur le Cal-vai-re, Sou-ve-nez-vous, sou-ve-nez-vous, Jé-sus, Sou-ve-nez-vous, sou-ve-nez-vous, sou-ve-nez-vous, Jé-sus!

2. De la France outrageant le Dieu qui fit sa gloire
    Ne vous souvenez plus ; *(bis)*
  De la France avec Dieu marchant à la victoire
    Souvenez-vous, Jésus ! *(bis)*

3. De la France jetant l'insulte à votre Face
    Ne vous souvenez plus ; *(bis)*
  De la France à genoux qui vous demande grâce
    Souvenez-vous, Jésus ! *(bis)*

4. Du glaive déchirant votre Église immortelle
    Ne vous souvenez plus ; *(bis)*
  Des nobles défenseurs qui sont tombés pour elle
    Souvenez-vous, Jésus ! *(bis)*

5. De l'insensé qui veut corrompre la famille
    Ne vous souvenez plus ; *(bis)*
  Du pudique foyer où l'innocence brille
    Souvenez-vous, Jésus ! *(bis)*

6. De ceux qui de nos fils voudraient perdre les âmes
    Ne vous souvenez plus ; *(bis)*
  De ces maîtres zélés qui brûlent de vos flammes
    Souvenez-vous, Jésus ! *(bis)*

7. De ce demi-savoir qui contre Dieu conspire
    Ne vous souvenez plus ; *(bis)*
  Du savoir éclairé qui de la foi s'inspire
    Souvenez-vous, Jésus ! *(bis)*

8. De la bouche sur Dieu vomissant le blasphème
    Ne vous souvenez plus ; *(bis)*
  De ce pauvre ouvrier qui prie et qui vous aime
    Souvenez-vous, Jésus ! *(bis)*

9. Du travail insultant au repos du Dimanche
　　Ne vous souvenez plus; *(bis)*
　Des foules dont le cœur dans votre Cœur s'épanche
　　Souvenez-vous, Jésus! *(bis)*

10. De ces hommes sans foi qui profanent la tombe
　　Ne vous souvenez plus; *(bis)*
　De l'âme vers le ciel montant, chaste colombe,
　　Souvenez-vous, Jésus! *(bis)*

11. Des chrétiens effaçant le sceau de leur baptême
　　Ne vous souvenez plus; *(bis)*
　Des chrétiens éprouvés et fidèles quand même
　　Souvenez-vous, Jésus! *(bis)*

12. De votre autel désert qu'abandonne la foule
　　Ne vous souvenez plus; *(bis)*
　Des cœurs tout altérés de votre sang qui coule
　　Souvenez-vous, Jésus! *(bis)*

13. Du pécheur obstiné dans son impénitence
　　Ne vous souvenez plus; *(bis)*
　Du pécheur repentant qui prie avec instance
　　Souvenez-vous, Jésus! *(bis)*

14. Des fléaux annoncés du haut de la Salette
　　Ne vous souvenez plus; *(bis)*
　De la Vierge qui vit sourire Bernadette
　　Souvenez-vous, Jésus! *(bis)*

15. De nos péchés sans nombre, à notre heure dernière
　　Ne vous souvenez plus; *(bis)*
　De nos amis sur nous versant une prière
　　Souvenez-vous, Jésus! *(bis)*

　　　　　　　　　L'Abbé J. MARBEUF.

AVE MARIA

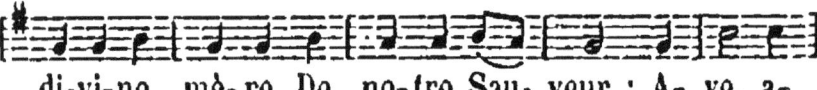

En ce sanc-tu-ai-re, Sa-lu-ons en chœur La di-vi-ne mè-re De no-tre Sau-veur : A-ve, a-ve, a-ve Ma-ri-a, A-ve, a-ve, a-ve Ma-ri-a !

2. Qu'il fait bon, Marie,
   Te chanter ici !
   Ah ! pour qui te prie,
   C'est le paradis.
      Ave Maria !

3. O beauté sereine
   Qui ravit les Cieux !
   Noble souveraine,
   Écoute nos vœux.
      Ave Maria !

4. Madone chérie,
   Tu vois nos tourments ;
   Des maux de la vie
   Rends-nous triomphants !
      Ave Maria !

5. A l'heure suprême
   Redouble d'amour ;
   Conduis-nous toi-même
   Au brillant séjour.
      Ave Maria !

6. Notre âme en ta gloire
   Heureuse y sera,
   Et dans sa victoire
   A jamais dira :
      Ave Maria !

AUX SAINTS ANGES

Purs Esprits, ô chœurs Angéliques,
Nous venons offrir, avec vous,
Au Seigneur nos humbles cantiques,
O saints Anges, priez pour nous. (*3 fois.*)

2. Vous dont les lèvres enflammées
Répètent ce refrain si doux :
Saint, saint, saint le Dieu des armées,
O saints Anges, etc.

3. Vous qui sans cesse, au Dieu suprême,
Comme le parfum le plus doux,
Offrez les vœux du cœur qui l'aime,
O saints Anges, etc.

4. Vous qui tressaillez d'allégresse
Lorsque Dieu, calmant son courroux,
Témoigne au pécheur sa tendresse,
O saints Anges, etc.

5. Vous qui, chaque jour, de nos âmes
Combattez l'ennemi jaloux,
Esprits d'amour, esprits de flamme,
O saints Anges, etc.

6. Vous qui paraîtrez avec gloire
Quand Dieu viendra nous juger tous,
Vous qui chanterez sa victoire,
O saints Anges, etc.

NOUS VOULONS DIEU

Bénis, ô tendre Mère,
Ce cri de notre foi :
« Nous voulons Dieu, c'est notre père ;
Nous voulons Dieu, c'est notre roi. » } bis.

1. Nous voulons Dieu, Vierge Marie,
   Prête l'oreille à nos accents ;
   Nous t'implorons, Mère chérie,
   Viens au secours de tes enfants.

2. Nous voulons Dieu, car les impies
   Contre Lui se sont soulevés ;
   Et dans l'excès de leur furie,
   Ils le bravent, les insensés.

3. Nous voulons Dieu dans nos familles,
   Dans l'âme de nos chers enfants,
   Et près du flambeau qui scintille
   Au lit de nos pauvres mourants.

4. Nous voulons Dieu dans nos écoles,
   Afin qu'on enseigne à nos fils
   Sa loi, ses divines paroles,
   Sous le regard du crucifix.

5. Nous voulons Dieu dans notre armée,
   Afin que nos jeunes soldats,
   Servant la France bien-aimée,
   Soient des héros dans les combats.

6. Nous voulons Dieu, pour que l'Église
   Puisse enseigner la vérité,
   Combattre l'erreur qui divise,
   Prêcher à tous la charité.

7. Nous voulons Dieu ! que sa clémence
   Exauce nos ardents désirs:
   S'il faut du sang pour ta défense,
   Seigneur, nous serons tes martyrs.

8. Nous voulons Dieu ! De sa loi sainte
   Jurons d'être les défenseurs,
   De le servir, libres, sans crainte :
   Jusqu'à la mort, à lui nos cœurs !

PRATIQUES DE PIÉTÉ

EN L'HONNEUR

DE

SAINT MICHEL

—✠—

CHAPELET DE SAINT MICHEL

Manière de réciter ce Chapelet[1].

Deus, in adjutorium meum intende.
℟. Domine, ad adjuvandum me festina.
Gloria Patri, etc.

1ʳᵉ Salutation

Un Pater *et trois* Ave *au premier Chœur des Anges.*

Par l'intercession de saint Michel et du Chœur céleste des Séraphins, que le Seigneur nous rende dignes d'être enflammés d'une charité parfaite. Ainsi soit-il.

---

(1) Sur la médaille, on dit le verset *Deus, in adjutorium,* avec le répons *Domine, ad adjuvandum me festina,* et le *Gloria Patri.* Ensuite, laissant pour la fin les quatre grains qui suivent la médaille, on prend le premier gros grain de la Couronne.

2ᵉ Salutation

Un Pater *et trois* Ave *au deuxième Chœur des Anges.*

Par l'intercession de saint Michel et du Chœur céleste des Chérubins, que le Seigneur nous fasse la grâce d'abandonner la voie du péché et de courir dans celle de la perfection chrétienne. Ainsi soit-il.

3ᵉ Salutation

Un Pater *et trois* Ave *au troisième Chœur des Anges.*

Par l'intercession de saint Michel et du Chœur céleste des Trônes, que le Seigneur répande dans nos cœurs l'esprit d'une véritable et sincère humilité. Ainsi soit-il.

4ᵉ Salutation

Un Pater *et trois* Ave *au quatrième Chœur des Anges.*

Par l'intercession de saint Michel et du Chœur céleste des Dominations, que le Seigneur nous fasse la grâce de dominer nos sens et de nous corriger de nos mauvaises passions. Ainsi soit-il.

5ᵉ Salutation

Un Pater *et trois* Ave *au cinquième Chœur des Anges.*

Par l'intercession de saint Michel et du Chœur céleste des Puissances, que le Seigneur daigne protéger nos âmes contre les embûches et les tentations du démon. Ainsi soit-il.

6ᵉ Salutation

Un Pater *et trois* Ave *au sixième Chœur des Anges.*

Par l'intercession de saint Michel et du Chœur admirable des Vertus célestes, que le Seigneur ne nous laisse pas succomber à la tentation, mais qu'il nous délivre du mal. Ainsi soit-il.

7ᵉ SALUTATION

Un Pater *et trois* Ave *au septième Chœur des Anges.*

Par l'intercession de saint Michel et du Chœur céleste des Principautés, que Dieu remplisse nos âmes de l'esprit d'une véritable et sincère obéissance. Ainsi soit-il.

8ᵉ SALUTATION

Un Pater *et trois* Ave *au huitième Chœur des Anges.*

Par l'intercession de saint Michel et du Chœur céleste des Archanges, que le Seigneur nous accorde le don de la persévérance dans la foi et dans les bonnes œuvres, pour pouvoir arriver à la possession de la gloire du Paradis. Ainsi soit-il.

9ᵉ SALUTATION

Un Pater *et trois* Ave *au neuvième Chœur des Anges.*

Par l'intercession de saint Michel et du Chœur céleste de tous les Anges, que le Seigneur daigne nous accorder d'être gardés par eux pendant cette vie mortelle, et conduits ensuite à la gloire éternelle du Ciel. Ainsi soit-il.

On récite, à la fin, quatre Pater (*) :
Le premier en l'honneur de saint Michel;
Le deuxième en l'honneur de saint Gabriel;
Le troisième en l'honneur de saint Raphaël;
Le quatrième en l'honneur de notre Ange Gardien.

On termine cet exercice par l'ANTIENNE :

TRÈS glorieux Prince saint Michel, chef et prince des armées célestes, gardien fidèle des âmes, vainqueur des esprits rebelles, favori de la maison de Dieu, notre

---

(*) Sur les quatre grains près de la médaille.

admirable guide après Jésus-Christ, vous dont l'excellence et la vertu sont suréminentes, daignez nous délivrer de tout mal, nous tous qui recourons à vous avec confiance, et faites par votre incomparable protection que nous avancions, chaque jour, dans la fidélité à servir Dieu.

℣. Priez pour nous, ô bienheureux saint Michel, Prince de l'Église de Jésus-Christ.

℞. Afin que nous puissions être dignes de ses promesses.

Oraison.

Dieu tout-puissant et éternel, qui par un prodige de bonté et de miséricorde pour le salut commun des hommes, avez choisi pour Prince de votre Église le très glorieux Archange saint Michel, rendez-nous dignes, nous vous en prions, d'être délivrés, par sa bienfaisante protection, de tous nos ennemis, afin qu'à notre mort aucun d'eux ne puisse nous inquiéter, mais qu'il nous soit donné d'être introduits par lui en la présence de votre puissante et auguste Majesté. Par les mérites de Jésus-Christ N.-S. Ainsi soit-il.

INDULGENCES

Accordées par Notre Saint-Père le Pape Pie IX à ceux qui pratiqueront l'exercice de la Couronne Angélique.

Indulgence de 7 ans et 7 quarantaines à tous les fidèles, chaque fois que, de cœur au moins contrit et avec dévotion, ils réciteront ce chapelet; 2° Indulgence de 100 jours, chaque jour si l'on porte sur soi cette Couronne, ou bien si l'on en baise la médaille; 3° Indulgence plénière, une fois le mois, à ceux qui récitent quotidiennement la Couronne, au jour de leur choix où, vraiment repentants, confessés et communiés, ils prieront spécialement pour l'exaltation de notre Mère la Sainte Église et pour la conservation du Souverain Pontife; 4° Indulgence plénière aux mêmes conditions, aux fêtes de l'apparition de saint Michel (8 mai), de la dédicace du saint Archange (29 septembre), de saint Gabriel archange (18 mars), de saint Raphaël archange (24 octobre), et des saints Anges gardiens (2 octobre).

Pour gagner ces Indulgences il faut, en se servant du chapelet spécial des SS. Anges, réciter neuf *Pater noster* suivis chacun de trois *Ave Maria*. A la fin on ajoute encore quatre *Pater*, avec les salutations correspondantes, l'antienne, le verset et l'oraison comme ci-dessus (BÉRINGER, *Les Indulgences, leur nature et leur usage*).

PROMESSES DU SAINT ARCHANGE

DANS une apparition à une illustre servante de Dieu, toute dévouée au culte du glorieux saint Michel, Antonia d'Astonac, en Portugal, ce saint Archange lui déclara qu'il voulait que l'on composât en son honneur neuf salutations correspondant aux neuf chœurs des Anges... Il promit en compensation que quiconque lui rendrait ce culte aurait, en se rendant à la Sainte Table, un cortège de neuf Anges choisis dans les neuf chœurs. De plus, pour la récitation quotidienne de ces neuf salutations, il promit son assistance et celle des SS. Anges durant tout le cours de la vie, et après la mort la délivrance du Purgatoire pour soi et pour ses parents. Voilà ce qu'on trouve relaté dans la Vie de la Sainte, livre 2°, ch. 74. (Extrait du *Messager du Sacré Cœur de Jésus*, par le P. H. RAMIÈRE, de la Compagnie de Jésus. Octobre 1864. — Reproduit dans les *Méditations sur les SS. Anges* (1867), approuvé par Mgr d'Autun.)

On trouve chez les RR. PP. du Mont-Saint-Michel (Manche) :

Chapelets de saint Michel à 25 c., 40 c., 60 c., 75 c. et 1 fr. — Argent à 3 fr. 50, 5 fr. et 8 fr. (port et boîte en plus, 75 c.). Ils sont envoyés indulgenciés, avec la présente méthode.

LITANIES DE SAINT MICHEL [*]

(40 jours d'Indulgences.)

KYRIE, eleison.
Christe, eleison.
Kyrie eleison.
Christe, audi nos.
Christe, exaudi nos.
Pater de cœlis, etc.
Sancte Michael, ora pro nobis.

S. Michael, Sapientiæ divinæ fons abundans, ora.
S. Michael, Divini Verbi adorator perfectissime,
S. Michael, Quem gloriâ et honore Deus coronavit,
S. Michael, Cœlestis exercitûs princeps potentissime,

[*] Pour l'usage privé seulement.

S. Michael, Trinitatis sanctissimæ signifer, ora.
S. Michael, Paradisi custos,
S. Michael, Dux et consolator populi Dei,
S. Michael, Splendor et fortitudo militantis Ecclesiæ,
S. Michael, Honor et gaudium triumphantis Ecclesiæ,
S. Michael, Lumen Angelorum,
S. Michael, Præsidium orthodoxi populi,
S. Michael, Sub signo crucis militantium fortitudo,
S. Michael, Lux et spes animarum in agone mortis,
S. Michael, Auxilium tutissimum, ora.
S. Michael, in adversitatibus nostris Adjutorium,
S. Michael, æternarum Sententiarum Proclamator,
S. Michael, Consolator animarum in Purgatorio languentium,
S. Michael, Animas Electorum, post mortem, suscipiens,
S. Michael, Princeps noster,
S. Michael, Defensor noster,
Agnus Dei (*ter*).

Oremus.

DOMINE Jesu Christe, benedictione perpetuâ sanctifica nos, et concede, per intercessionem Sancti Michaelis, illam sapientiam quæ doceat nos thesaurisare thesaurum in cœlis, et pro temporalibus, æterna bona eligere. Qui vivis et regnas in sæcula sæculorum. Amen.

LITANIES DE SAINT MICHEL
(En Français.)

SEIGNEUR, ayez pitié de nous.
Jésus-Christ, ayez pitié de nous.
Seigneur, ayez pitié de nous.
Jésus-Christ, écoutez-nous.
Jésus-Christ, exaucez-nous.
Père céleste qui êtes Dieu, ayez pitié de nous.

Fils, Rédempteur du monde, qui êtes Dieu, ayez pitié.
Esprit-Saint, qui êtes Dieu,
Trinité Sainte, qui êtes un seul Dieu,
Sainte Marie, Reine des Anges, priez pour nous.
Saint Michel,
Saint Michel, rempli de la sagesse de Dieu,
Saint Michel, parfait adorateur du Verbe divin,
Saint Michel, couronné d'honneur et de gloire,
Saint Michel, très puissant Prince des armées du Seigneur,
Saint Michel, porte-étendard de la très sainte Trinité,
Saint Michel, gardien du Paradis,
Saint Michel, guide et consolateur du peuple d'Israël,
Saint Michel, splendeur et forteresse de l'Église militante,
Saint Michel, honneur et allégresse de l'Église triomphante, priez pour nous.
Saint Michel, lumière des Anges,
Saint Michel, rempart des orthodoxes,
Saint Michel, force de ceux qui combattent sous l'étendard de la Croix,
Saint Michel, lumière et confiance des âmes au dernier terme de la vie,
Saint Michel, secours très assuré,
Saint Michel, notre aide dans toutes nos adversités,
Saint Michel, héraut de la sentence éternelle,
Saint Michel, consolateur des âmes retenues dans les flammes du Purgatoire,
Vous, que le Seigneur a chargé de recevoir les âmes après la mort,
Saint Michel, notre prince,
Saint Michel, notre avocat,
Agneau de Dieu... *(3 fois)*.

Oraison.

SEIGNEUR Jésus, sanctifiez-nous par une bénédiction toujours nouvelle, et accordez-nous, par l'intercession de saint Michel, cette sagesse qui nous enseigne à thésauriser dans le Ciel et à échanger les biens du temps contre ceux de l'éternité, vous qui vivez dans les siècles des siècles. Ainsi soit-il.

PETIT OFFICE DE SAINT MICHEL

A MATINES

LE COMBAT DANS LE CIEL

Seigneur, ouvrez mes lèvres.
Et ma bouche annoncera vos louanges.
O Dieu, venez à mon aide.
Seigneur, hâtez-vous de me secourir.
Gloire soit au Père, au Fils et au Saint-Esprit.
Maintenant, comme au commencement et dans tous les siècles des siècles. Ainsi soit-il.

Invitatoire. Venez, rendons nos devoirs à l'Archange saint Michel. Venez, honorons-le.

Hymne. A la tête des bataillons angéliques paraît Michel, le vainqueur, déployant l'étendard de la croix instrument de notre salut.

Antienne. Le ciel resta en silence pendant que l'Archange Michel combattait avec le dragon.

℣. Vous vous êtes présenté devant le Seigneur, plein de gloire.

℟. C'est pour cela qu'il vous a comblé d'honneur.

Prions.

Dieu tout-puissant, daignez nous rendre dignes, par la bienveillante protection de saint Michel, d'être délivrés de tous nos ennemis, afin que pendant notre vie et à l'heure de notre mort, aucun d'eux ne nous inquiète, et que nous soyons introduits par lui-même, en l'auguste présence de votre divine majesté. Nous vous le demandons par les mérites de J.-C. N.-S. Ainsi soit-il.

A LAUDES

ACTIONS DE GRACES DES ANGES

O Dieu, venez à mon aide, etc.
Seigneur, hâtez-vous de me secourir.
Gloire au Père, etc.
Hymne. O roi du ciel, daignez, après les vaillants combats que Michel doit soutenir encore, agréer notre encens sur l'autel d'or.
Antienne. J'entends la voix d'une multitude d'Anges autour du trône, ils disaient : Salut, honneur et force au Dieu tout-puissant.
℣. Anges du Seigneur, bénissez le Seigneur.
℟. Louons le Seigneur avec les Anges et les Séraphins.
Prions. Comme à Matines.

PRIME

ANGE GARDIEN

O Dieu, venez à mon aide, etc.

Hymne. O Christ, auteur de la gloire des Anges, envoie vers nous Michel, l'ange qui donne la paix; qu'il descende du ciel, qu'il vienne, de son bras puissant, refouler dans les enfers la guerre, source de tant de larmes.

Antienne. Michel vient avec la multitude des Anges à qui Dieu a confié l'âme des Saints.

℣. L'Archange Michel est venu au secours du peuple de Dieu.

℟. Il est venu couvrir de sa protection les âmes justes.

Prions. Comme à Matines.

TIERCE

TENTATION

O Dieu, venez à mon aide, etc.

Hymne. Le souffleur du crime, chassé du ciel, est errant par les espaces de l'air. Il veille pour la ruse, il distille son poison, mais une garde toujours présente le réduit à néant.

Antienne. La mer a été agitée, la terre a tremblé, là où l'Archange Michel descendait du ciel.

℣ Ne tremblez point en présence de vos ennemis.

℟ Car l'Ange du Seigneur est avec vous.

Prions. Comme à Matines.

SEXTE

COMBAT

O Dieu, venez à mon aide, etc.

Hymne. Marchons sur les pas d'un si noble chef, contre le prince de la superbe ; sur l'autel de l'Agneau repose la couronne de gloire qui récompensera nos exploits.

Antienne. Il viendra un temps tel qu'on n'en a point vu ; alors se lèvera Michel, qui est toujours prêt à secourir les enfants de Dieu.

℣ Saint Michel, défendez-nous dans le combat.

℟ Afin que nous ne périssions pas au redoutable jugement.

Prions. Comme à Matines.

NONE

PÉNITENCE

O Dieu, venez à mon aide, etc.

Hymne. Saint Michel vient au secours de ses pieux serviteurs, quand ils tombent dans le péché, en leur obtenant la grâce de connaître la laideur de leurs fautes et de les détester.

Antienne. Il est le guide de ceux qui s'égarent, il relève ceux qui sont tombés, il se fait caution pour les pécheurs.

℣. Je vous confesse, ô Michel, que j'ai beaucoup péché.

℟. Aidez-moi à obtenir le pardon.

Prions. Comme à Matines.

VÊPRES

LA MORT

O Dieu, venez à mon aide, etc.

Hymne. Que tous s'efforcent d'obtenir la protection du puissant Archange par des prières et d'autres pieux hommages, afin qu'il les secoure dans tous les besoins de l'âme et spécialement à la mort.

Antienne. Il ne peut dédaigner les prières qu'on lui adresse, ni laisser de protéger à la mort ceux qui l'aiment et se confient en son intercession.

℣. L'Archange Michel est venu avec ses Anges.

℟. Il a couvert de sa protection les âmes justes.

Prions. Comme à Matines.

COMPLIES

LE CIEL

O Dieu, venez à mon aide, etc.

Hymne. Michel, mon Archange, je vous ai établi prince sur toutes les âmes qui doivent être reçues dans mon royaume, dans cette lumière que j'ai promise à Abraham et à sa race.

Antienne. Le culte qu'on lui rend est une source de bienfaits pour les peuples, et sa prière conduit au royaume des cieux.

℣. Glorieux prince, ayez souvenir de nous.
℟. Ici et en tous lieux, priez toujours le fils de Dieu pour nous.

Prions. Comme à Matines.

Recommandation.

O bienveillant Archange, combien vous êtes dévoué aux âmes qui vous invoquent! Pleins de confiance en votre protection, nous vous avons exposé nos besoins. Dissipez nos ténèbres, conduisez-nous dans la vie, défendez-nous contre nos ennemis, guérissez nos plaies et prodiguez-nous toutes les tendresses qu'un saint amour peut vous inspirer pour vos fidèles serviteurs. Ainsi soit-il.

Oraison.

O puissant protecteur, Archange Michel, défendez-nous contre les attaques du démon à tous les instants de notre vie et surtout au moment où le Juge suprême nous appellera pour lui rendre compte de toutes nos actions et de notre fidélité dans l'accomplissement de sa sainte loi. Ainsi soit-il.

CONSÉCRATION

A SAINT MICHEL

O grand prince du Ciel, gardien très fidèle de l'Église, saint Michel Archange, moi N***, quoique très indigne de paraître devant vous, confiant néanmoins dans votre spéciale bonté, touché de l'excellence de vos admirables prières et de la multitude de vos bienfaits, je me présente à vous, accompagné de mon Ange gardien et en présence de tous les Anges du Ciel que je prends à témoin de ma dévotion envers vous ; je vous choisis aujourd'hui pour mon protecteur et mon avocat particulier, et je me propose fermement de vous honorer toujours et de vous faire honorer de tout mon pouvoir. Daignez, ô très bon Archange, m'admettre au nombre de vos dévots serviteurs. Assistez-moi pendant toute ma vie, de manière à ce que jamais je n'offense les yeux très purs de Dieu, ni en œuvres, ni en paroles, ni en pensées. Défendez-moi pendant la vie contre toutes les tentations du démon, spécialement pour la foi et la pureté, et à l'heure de la mort obtenez la paix à mon âme et introduisez-la dans l'éternelle patrie. Ainsi soit-il.   (*40 jours d'Indulg.*)

TRIDUUM

EN L'HONNEUR DE SAINT MICHEL ARCHANGE

PREMIER JOUR

O glorieux saint Michel, Prince de la milice angélique, vous qui déployez un si grand zèle dans la défense des droits de Dieu contre Lucifer, son ennemi, je vous honore, je vous invoque, je vous salue ! A vous, puissant Archange, élevé si haut dans la gloire céleste, et à tous les Esprits Bienheureux dont vous êtes le chef, louange, honneur et bénédiction ! Jetez un regard sur nous, et voyez : Les droits de Dieu sont attaqués avec une fureur presque sans exemple ; Satan, l'ennemi du Très-Haut et des hommes, profère avec une nouvelle rage, par la bouche de ses nombreux suppôts, le cri de son orgueil révolté : *Non serviam*, je ne servirai pas. Grand Archange, montrez-vous ! Et que votre voix, éclatante comme un tonnerre, affirme les droits de Dieu avec plus de force que Satan et tous les siens ne les nient : *Quis ut Deus ! Qui est comme Dieu !* Qu'à ce cri puissant, les démons soient refoulés dans l'abîme, les complots des méchants arrêtés, l'orgueil et l'esprit de rébellion étouffés dans les âmes, les sentiments d'humilité et d'obéissance à jamais gravés dans les cœurs.

Pater, Ave, Gloria.

DEUXIÈME JOUR

O glorieux saint Michel, adorateur excellent du Verbe incarné, vous qui, à la tête des Anges fidèles, fléchissez le genou devant le Seigneur Jésus, faites éclater, avec une nouvelle puissance, vos hommages et vos adorations, en échange des outrages et des blasphèmes dont ce divin Sauveur est l'objet; prenez en main sa cause, obtenez-nous la grâce de mieux le servir, et prosternez aux pieds de Sa Majesté trois fois sainte tous ses ennemis contrits et humiliés.

Pater, Ave, Gloria.

TROISIÈME JOUR

O glorieux saint Michel, protecteur du peuple de Dieu sous l'ancienne loi, gardien et défenseur du nouvel Israël, c'est-à-dire de l'Église de Jésus-Christ, dont la synagogue était l'ombre et la figure, je vous supplie de venir au secours de cette Église contre laquelle l'enfer est déchaîné; soutenez-la, vivifiez-la, défendez-la, par votre puissante intercession! *Michaël Archangele, veni in adjutorium populo Dei.* (Ex Brev. Rom.). Gardez aussi, avec un soin tout particulier, son auguste Chef, et faites bientôt luire pour lui et pour nous le jour du triomphe. Souvenez-vous encore, ô céleste Archange, souvenez-vous de la France sur le sol de laquelle vous avez daigné autrefois apparaître, et qui, en sa qualité de fille aînée de l'épouse du Christ, a l'insigne privilège d'avoir en vous le même protecteur que l'Église sa mère. Faites par vos prières que notre bien-aimée patrie se montre toujours et partout fidèle à son glorieux titre et à sa providentielle mission. Enfin, ô glorieux saint Michel, vous qui êtes chargé de recevoir les âmes au sortir de leurs corps, de les présenter au divin tribunal, et de les conduire en paradis (... *Michaël Archangelus cui tradidit Deus animas sanctorum, ut perducat eas in paradisum exultationis*), veillez sur nous, durant cette vie présente, défendez-nous contre les assauts du démon, assistez-nous spécialement à l'heure de notre mort; daignez enfin, par vos prières, nous obtenir une sentence favorable au jour du jugement, et le bonheur de voir Dieu face à face dans les siècles des siècles. *Saint Michel Archange, défendez-nous dans le combat, afin que nous ne périssions pas au jour du redoutable jugement.*

Pater, Ave, Credo.

PRIÈRE A L'ANGE GARDIEN

ANGE de Dieu, qui êtes mon gardien par un bienfait de la divine charité, éclairez-moi, protégez-moi, dirigez-moi et gouvernez-moi. Ainsi soit-il.

Cent jours d'indulgence chaque fois; indulgence plénière à la fin du mois; et à la mort, si on l'a souvent récitée (Pie VII).

Voici la même prière en latin : *Angele Dei, qui custos es mei, me tibi commissum pietate supernâ, illumina, custodi, rege et gubérna. Amen.*

HYMNE

TE SPLENDOR

Pie VII a accordé deux cents jours d'indulgence, aux conditions ordinaires, une fois le jour, et une indulgence plénière, chaque mois, à tous les fidèles qui réciteront cette hymne avec l'antienne, le verset et l'oraison qui y sont joints.

Te splendor et virtus Patris,
Te vita, Jesu, cordium,
Ab ore qui pendent tuo,
Laudamus inter Angelos.

Tibi mille densa millium
Ducum corona militat ;
Sed explicat victor Crucem
Michaël salutis Signifer.

Draconis hic dirum caput
In ima pellit tartara,
Ducemque cum rebellibus
Cœlesti ab arce fulminat.

Contra ducem superbiæ
Sequamur hunc nos Princi-
[pem,
Ut detur ex Agni throno
Nobis corona gloriæ.

O splendeur et vertu du Père,
Vie éternelle de nos cœurs,
Jésus, gloire à vous sur la terre,
Gloire aux Anges, vos serviteurs.

Des esprits, l'armée innombrable
Vous fait cortège, ô Roi des rois,
Et Michel, à tous secourable,
Lève l'étendard de la Croix.

Sous ses coups, du ciel dans
Foudroyé tombe Lucifer, [l'abîme,
Et les complices de son crime
Sont ensevelis dans l'enfer.

Contre le chef de ces rebelles
Suivons l'Archange humble et vail-
[lant
Pour gagner les palmes si belles
Que donne l'Agneau triomphant.

Patri, simulque Filio,
Tibique, Sancte Spiritus,
Sicut fuit, sit jugiter
Sæclum per omne gloria.
Amen.

Ant. Princeps gloriosissime, Michaël Archangele, esto memor nostri, hic et ubique semper precare pro nobis Filium Dei.

℣. In conspectu Angelorum psallam Tibi, Deus meus.

℟. Adorabo ad Templum sanctum tuum, et confitebor Nomini tuo.

Oremus.

Deus, qui miro ordine Angelorum ministeria hominumque dispensas, concede propitius, ut a quibus Tibi ministrantibus in Cœlo semper assistitur, ab his in terra vita nostra muniatur. Per Dominum nostrum, etc.

O Dieu que contemplent les Anges,
Père, Verbe, Esprit de bonté,
A vous amour, honneur, louanges,
Dans le temps et l'éternité.

Ant. Prince très glorieux, Archange Saint Michel, souvenez-vous de nous, et priez le Fils de Dieu pour nous, ici, partout et toujours.

℣. Je vous chanterai des hymnes, ô mon Dieu, en présence des Anges.

℟. Je vous adorerai dans votre saint Temple, et je confesserai votre Nom.

Oraison.

O Dieu, qui distribuez avec un ordre admirable aux Anges et aux hommes leurs différents ministères, faites, nous vous en prions, que ceux qui vous assistent et vous servent à chaque instant dans le Ciel défendent aussi notre vie sur la terre. Par N.-S. Ainsi soit-il.

PRIÈRE A SAINT MICHEL

COMPOSÉE PAR SA SAINTETÉ LE PAPE LÉON XIII

Et distribuée aux Portes de Saint-Pierre lors de la Messe jubilaire célébrée le 30 septembre 1888 pour les âmes du Purgatoire.

O très glorieux Prince des célestes milices, saint Michel archange, défendez-nous dans le combat et dans la terrible lutte que nous avons à soutenir contre les principautés et les puissances, contre les princes de ce monde de ténèbres, contre les esprits malins (*Éphés.*, VI, 12). Venez au secours des hommes que Dieu a créés immortels, qu'il a formés à son image et ressemblance et qu'il a rachetés à grand prix de la tyrannie du démon (*Sag.*, II, 23; *I Corinth.*, VI, 20). Combattez en ce jour, avec l'armée des saints Anges, les combats du Seigneur comme autrefois vous avez combattu contre Lucifer, le chef des orgueilleux, et contre les anges apostats qui ont été impuissants à vous résister et pour qui il ne s'est plus trouvé de place dans le ciel. Oui, ce monstre, cet antique serpent qu'on nomme le démon et Satan, lui qui séduit le monde entier, il a été précipité avec ses anges au fond de l'abîme (*Apoc.*, XII, 8 et 9).

Mais voici que cet antique ennemi, ce premier homicide a relevé fièrement la tête. Transfiguré en ange de lumière et suivi de toute la tourbe des esprits mauvais, il parcourt la terre entière pour s'en emparer et en bannir le nom de Dieu et de son Christ, pour dérober, tuer et livrer à la perdition éternelle les âmes destinées à l'éternelle couronne de gloire. Sur des hommes déjà pervers d'esprit et corrompus de cœur, ce méchant dragon répand encore comme un torrent de fange impure le venin de sa malice infernale, c'est-à-dire l'esprit de mensonge, d'impiété, de blasphème, et le souffle empoisonné de l'impudicité, des vices et de toutes les abominations. Des ennemis pleins d'astuce ont comblé d'opprobres et abreuvé d'amertume l'Église, épouse de l'Agneau immaculé, et sur ses biens les plus sacrés ils ont porté leurs mains criminelles. Même en ce lieu saint où a été établi le siège de Pierre et la chaire de vérité qui doit éclairer le monde, ils ont élevé l'abominable trône de leur impiété avec le dessein inique de frapper le Pasteur et de disperser le troupeau.

Nous vous en supplions donc, ô Prince invincible, contre les attaques de ces esprits réprouvés, secourez le peuple de Dieu et donnez-lui la victoire. Il vous vénère, ce peuple, comme son protecteur et son patron, et l'Église se glorifie de vous avoir pour défenseur contre les malignes puissances de l'enfer. A vous Dieu a confié le soin de conduire les âmes à la céleste béatitude. Ah! priez donc le Dieu de paix de mettre sous nos pieds Satan vaincu et tellement abattu qu'il ne puisse plus retenir les hommes dans l'esclavage, ni causer de préjudice à l'Église. Présentez nos prières aux regards du Tout-Puissant, afin que les miséricordes du Seigneur nous préviennent au plus tôt. Emparez-vous du dragon, de l'ancien serpent qui est le diable et Satan, enchaînez-le et précipitez-le dans l'abîme, afin qu'il ne puisse plus séduire les peuples (*Apoc.*, xx, 2 3). Ainsi soit-il.

℣. Voici la croix du Seigneur, fuyez, ô puissances ennemies.

℟. Il a vaincu, le lion de Juda, le rejeton de David.

℣. Que vos miséricordes, ô Seigneur, s'accomplissent sur nous.

℟. Comme nous avons espéré en vous.

℣. Seigneur, exaucez ma prière.

℟. Et que mes cris s'élèvent jusqu'à vous.

O Dieu et Père de Notre-Seigneur Jésus-Christ, nous invoquons votre saint nom, et nous implorons, instamment, votre clémence afin que, par l'intercession de Marie immaculée toujours Vierge, notre Mère, et du glorieux saint Michel archange, vous daigniez nous secourir contre Satan et tous les autres esprits immondes qui parcourent la terre, pour nuire au genre humain et perdre les âmes. Ainsi soit-il.

(300 jours d'indulgence une fois par jour.)

PRIÈRES

PRESCRITES PAR SA SAINTETÉ LÉON XIII

Pour être récitées à genoux par le Prêtre et le Peuple, dans toutes les églises du Monde Catholique, après chaque Messe basse.   *(300 jours d'indulgence.)*

Ave Maria, *(3 fois).*

SALVE, Regina, mater misericordiæ, vita, dulcedo et spes nostra, salve. Ad te clamamus, exules filii Evæ. Ad te suspiramus gementes et flentes in hac lacrymarum valle. Eia ergo, advocata nostra, illos tuos misericordes oculos ad nos converte. Et Jesum, benedictum fructum ventris tui, nobis post hoc exilium ostende. O clemens, o pia, o dulcis Virgo Maria !

℣. Ora pro nobis, sancta Dei Genitrix.

℟. Ut digni efficiamur promissionibus Christi.

Oremus.

Deus, refugium nostrum et virtus, populum ad te clamantem propitius respice; et intercedente gloriosâ et immaculatâ Virgine Dei Genitrice Mariâ, cum beato Josepho ejus Sponso ac beatis Apostolis tuis Petro et Paulo et omnibus Sanctis, quas pro conversione peccatorum, pro libertate et exaltatione Sanctæ Matris Ecclesiæ preces effundimus, misericors et benignus exaudi. Per Christum Dominum Nostrum. Amen.

Sancte Michael Archangele, defende nos in prælio; contra nequitiam et insidias diaboli esto præsidium. — *Imperet* illi *Deus,* supplices deprecamur : tuque, Princeps militiæ cœlestis, Satanam aliosque Spiritus malignos, qui ad perditionem animarum pervagantur in mundo, divinâ virtute in infernum detrude. Amen.

En français

Je vous salue, Marie... (3 *fois*).

Salut, Reine, Mère de miséricorde; notre vie, notre douceur, notre espérance, salut. Nous élevons nos cris vers vous, fils exilés d'Ève. Nous soupirons vers vous, gémissant et pleurant dans cette vallée de larmes. O notre avocate, tournez donc vers nous vos regards miséricordieux; et, après cet exil, montrez-nous Jésus, le fruit béni de vos entrailles, ô clémente, ô charitable, ô douce Vierge Marie !

℣. Priez pour nous, Sainte Mère de Dieu.

℟. Afin que nous devenions dignes des promesses de Jésus-Christ.

Oraison.

O Dieu, notre refuge et notre force, regardez favorablement le peuple qui crie vers vous, et, par l'intercession de la glorieuse et immaculée Vierge Marie, mère de Dieu, par celle de saint Joseph, son époux, par celle des Apôtres saint Pierre et saint Paul et de tous les saints, écoutez avec une bienveillante miséricorde les prières que nous répandons devant vous pour la conversion des pécheurs, pour la liberté et l'exaltation de notre Mère la sainte Église. Par Notre Seigneur Jésus-Christ. Ainsi soit-il.

Saint Michel archange, défendez-nous dans le combat; soyez notre secours contre la malice et les embûches du démon. *Que Dieu exerce sur lui son empire,* nous le demandons en suppliant; et vous, Prince de la milice céleste, par la vertu divine dont vous êtes revêtu, repoussez en enfer Satan et les autres esprits mauvais qui sont répandus dans le monde, en vue de perdre les âmes. Ainsi soit-il.

PRIÈRE A SAINT MICHEL

POUR LA FRANCE

Grand prince de la milice céleste, établi par la Providence divine le protecteur spécial de la France, de grâce, ne transportez pas à une autre nation le glorieux privilège de vous avoir pour Ange tutélaire ! Ah ! ne souffrez pas que notre patrie cesse d'être la fille aînée de l'Église et que son glorieux titre passe à un autre peuple ! Ne laissez pas périr la nation très chrétienne que vous aviez faite grande entre toutes, que vous aviez établie la sentinelle de la foi et le soldat de Dieu dans le monde. Opposez à ses défaillances actuelles la fidélité séculaire de son passé. Souvenez-vous que cette terre, confiée à votre sollicitude, fécondée par les sueurs et le sang de nombreux apôtres et martyrs, fut illustre entre toutes par les vertus de ses enfants, depuis saint Germain et sainte Geneviève jusqu'aux âmes généreuses qui, de nos jours encore, réagissent contre les envahissements du mal par l'énergie de leur foi et la sainteté de leurs œuvres.

O glorieux Archange, faites-vous notre avocat devant le Très-Haut. Guérissez nos maux, dissipez nos erreurs, obtenez-nous le pardon de nos iniquités.

Illuminez de vos clartés saintes le savant qui s'égare, le simple dont la bonne foi a été surprise et tous ceux qui, trompés par les fausses doctrines de l'impiété, marchent au hasard dans la vie, incertains de la route à suivre.

Rassurez les timides, fortifiez les faibles, encouragez les bons, secourez-nous tous et nous rendez meilleurs et plus chrétiens.

Obtenez pour la France, notre chère patrie, un prompt et sincère retour à l'antique foi, source de sa force et de sa grandeur, afin qu'après avoir été humiliée sous le châtiment du ciel pour ses fautes, elle se relève purifiée et retrempée, capable des mâles vertus qui ont fait sa gloire dans les siècles passés. Ainsi soit-il.

Saint Michel, glorieux Patron, Ange tutélaire de la France, priez pour nous.

PRIÈRE A SAINT MICHEL

POUR DEMANDER UNE BONNE MORT

Glorieux triomphateur des puissances infernales, soyez toujours notre défense pendant la vie, mais plus encore dans les troubles et les dangers de la mort. Vous savez par quels furieux assauts l'enfer s'efforcera de nous perdre quand nous serons sur le point d'entrer dans l'immuable éternité. Oh ! alors, volez sans retard à notre secours. Dans cet horrible et décisif combat, défendez-nous, ô saint Archange, afin que nous ne soyons point confondus au jour terrible du jugement. *Sancte Michael Archangele, defende nos in prœllo, ut non pereamus in tremendo judicio.* Écoutez cette prière que nous vous adressons maintenant pour suppléer à l'impuissance dans laquelle nous réduiront peut-être les angoisses de l'agonie.

Daignez alors soutenir notre âme par votre puissant secours, combattez pour elle dans cette lutte dernière et ne l'abandonnez qu'après l'avoir introduite dans l'heureux séjour du Ciel. Ainsi soit-il.

AUTRE PRIÈRE A SAINT MICHEL

POUR DEMANDER UNE BONNE MORT

GRAND prince qui êtes élevé en grâce et en gloire au-dessus de tous les esprits bienheureux, mettez en fuite par la force de votre bras l'ennemi que vous avez déjà terrassé par ces foudroyantes paroles : *Quis ut Deus !* Qui est comme Dieu !

C'est particulièrement pour l'heure de ma mort que j'implore votre assistance. O prince de la milice céleste, prenez alors vos armes et votre bouclier et venez à mon secours. Délivrez mon âme de la fureur du dragon infernal et conduisez-la avec les troupes angéliques dans le lieu du repos éternel. Ainsi soit-il.

Saint Michel, lumière et confiance des âmes au dernier terme de la vie, assistez-nous de votre puissant secours.

Saint Michel, vous que le Seigneur a chargé de recevoir les âmes après la mort, priez pour nous.

NEUVAINE A SAINT MICHEL

C'EST une louable pratique de faire des neuvaines — écrit le pieux archidiacre d'Évreux, M. Boudon — et spécialement en l'honneur des neuf chœurs des Anges, y ayant des motifs tout particuliers qui nous y doivent exciter. »

« Je suis témoin des grâces extraordinaires qui ont été accordées par cette dévotion : j'ai vu des choses merveilleuses arriver pendant que l'on honorait tous les saints Anges par cet exercice, et la puissance des démons ruinée en des choses d'importance; et c'est un moyen très efficace pour obtenir les secours du Ciel dans les calamités publiques et dans les besoins particuliers. » (*Dévotion aux neuf chœurs des SS. Anges, second traité, sixième pratique.*)

La neuvaine à saint Michel peut être faite à un temps quelconque de l'année, en public ou en particulier.

Pour gagner les indulgences attachées à cette neuvaine on peut se servir de n'importe quelle formule de prières, pourvu qu'elle soit approuvée par l'autorité ecclésiastique compétente (Rescrit du 26 novembre 1876).

INDULGENCES

Trois *cents jours*, à chaque jour de la neuvaine, pour ceux qui font ce pieux exercice d'un cœur contrit et avec dévotion. — *Indulgence plénière*, pendant la neuvaine, où à l'un des huit jours qui la suivent immédiatement, moyennant la confession, la communion et les prières pour la sainte Église et pour le souverain Pontife (Pie IX. — Rescrit daté de Gaëte, du 5 janvier 1849).

ASPIRATION

Sancte Michael Archangele, defende nos in prœlio, ut non pereamus in tremendo judicio !

Saint Michel archange, défendez-nous dans le combat, afin que nous ne périssions pas dans le redoutable jugement.

100 jours d'ind. une fois par jour (Léon XIII. — 19 août 1893).

LES ŒUVRES
DU MONT-SAINT-MICHEL

LE CULTE DE SAINT MICHEL

De tous les sanctuaires dédiés au Prince des Anges, dans le monde catholique, il n'en est pas de plus fameux que celui du Mont-Saint-Michel. Les prodiges éclatants qui s'y accomplirent, dans le cours des âges, lui attirèrent une célébrité immense. La foi et la reconnaissance des princes et des peuples y dressèrent à la gloire du saint Archange, sur des cryptes merveilleuses, une basilique aérienne plus merveilleuse encore. De pieuses et savantes générations de moines bénédictins donnèrent une âme et une voix à ces superbes édifices.

La tempête révolutionnaire a dispersé les moines, pillé l'Abbaye, profané la basilique.

Cependant Dieu n'a pas abandonné le Mont-Saint-Michel à la ruine et à l'oubli; aujourd'hui comme autrefois, le culte du saint Archange s'y développe et s'y épanouit. La très sainte Vierge y est vénérée sous le double vocable de *Notre-Dame du Mont Tombe* (nom primitif du rocher) et de *Notre-Dame des Anges*. *Saint Pierre*, adopté comme patron par les pêcheurs du mont, est le titulaire de la modeste église paroissiale. *Saint Aubert*, évêque d'Avranches, fondateur du Mont-Saint-Michel, est honoré dans une petite chapelle, édifiée au nord du rocher sur une pointe saillante, d'un aspect fort pittoresque.

En 1886, époque où l'Abbaye fut laïcisée, les Missionnaires firent aménager aux pieds de *la Merveille*, une *Esplanade* pour y célébrer les saints offices quand l'affluence des pèlerins l'exigerait. C'est là que fut plantée, en 1889, la *Croix* dite *de Jérusalem*, dont les pèlerins de la Terre Sainte s'étaient fait, cette année-là même, accompagner dans leurs voyages aux endroits sanctifiés par la présence visible du Sauveur.

Pour son entretien et sa décoration, le sanctuaire de saint Michel n'a d'autres ressources que les libres offrandes des fidèles. Ceux-ci, à titre de bienfaiteurs, ont part aux prières, messes et suffrages, institués en leur faveur par les Missionnaires, gardiens du pèlerinage.

NEUVAINES

Les neuvaines de prières, réclamées pour des besoins spirituels ou temporels, commencent le jour même de la réception de la lettre de demande. Les recommandations aux prières de l'Archiconfrérie sont inscrites immédiatement et, chaque soir, sont lues aux pieds de la statue du saint Archange.

LAMPES

Lorsqu'on désire qu'une lampe brûle devant la statue de saint Michel ou devant celle du Sacré-Cœur, de Notre-Dame du Mont-Tombe, de Notre-Dame des Anges ou de saint Joseph, il suffit d'indiquer le nombre de jours qu'on veut la faire brûler, — L'offrande est de deux francs pour neuf jours; de six francs pour un mois et de soixante-dix francs pour un an.

CONSÉCRATIONS

Un registre spécial est ouvert dans notre sanctuaire pour recevoir le nom des enfants voués et consacrés à saint Michel et à Notre-Dame des Anges. — Lorsqu'on désire mettre un enfant sous la spéciale protection du grand Archange, on indique son nom et la date de sa naissance. Un cierge brûle à l'intention de l'enfant dans le sanctuaire de saint Michel et les parents reçoivent une image indiquant le jour de l'inscription. — L'offrande est de deux francs.

EX-VOTO

Les personnes qui, en actions de grâces d'une faveur obtenue, ou dans le but de se placer plus directement sous l'égide de saint Michel, désirent offrir un *ex-voto* à son sanctuaire, peuvent remettre, suivant l'usage, un cœur, une bannière, une plaque de marbre, etc. — Les vases sacrés, ornements sacerdotaux, linge d'église, etc, sont acceptés avec reconnaissance à titre d'*ex-voto*.

ARCHICONFRÉRIE DE SAINT-MICHEL

Un des moyens les plus propres à ranimer et à soutenir la dévotion envers le saint Archange, est certainement l'Archiconfrérie de saint Michel.

Cette pieuse association a déjà pris un développement considérable.

Établie au Mont-Saint-Michel en 1867, elle a été approuvée et enrichie d'indulgences par le Souverain Pontife Pie IX.

On s'y propose d'honorer les saints Anges et particulièrement saint Michel et d'obtenir par leur intercession une protection spéciale du Ciel sur l'Église, sur le Souverain Pontife et sur la France. — La préservation d'une mort subite et imprévue, la grâce d'une bonne mort et la délivrance des âmes du Purgatoire.

Plusieurs indulgences plénières, un grand nombre d'indulgences partielles dont le détail est donné dans le billet-image de l'Archiconfrérie, y sont offertes à la piété des associés.

Ceux-ci pendant leur vie et après leur mort ont part au bénéfice des messes célébrées tous les lundis de l'année, à l'autel de saint Michel, aux intentions de l'Archiconfrérie; ils sont, de plus, en communion de mérites et de bonnes œuvres avec tous les associés.

Pour être admis dans l'Archiconfrérie de Saint-Michel, il suffit de donner son nom (nom de baptême et de famille) *et de le faire inscrire dans les registres généraux de l'Archiconfrérie au* Mont-Saint-Michel.

Personne n'est validement inscrit s'il ne le sait et n'y consent. Les défunts peuvent bien être recommandés aux prières de l'Archiconfrérie, mais non y être inscrits. La remise du cachet d'admission n'est pas nécessaire. L'inscription est gratuite, mais les associés se font un devoir de subvenir par une aumône aux frais généraux de l'Œuvre et à la propagation du culte du glorieux Archange.

Aucune formule de prière obligatoire n'est imposée aux Associés.

ÉCOLE APOSTOLIQUE

DU MONT-SAINT-MICHEL

On sait qu'en France, l'Enfer a tout mis en œuvre pour entraver le recrutement du clergé et un péril sérieux nous menace, c'est la diminution des vocations sacerdotales; aussi il importe souverainement au bien de la Religion et de la Patrie, d'assurer à l'Évangile des apôtres et aux âmes des sauveurs.

Voilà pourquoi, avec l'autorisation de Mgr l'Évêque de Coutances et les encourageantes félicitations de Pie IX, les RR. PP. Missionnaires ont ouvert en 1875 une École apostolique au Mont-Saint-Michel. Ils y élèvent, à l'ombre de l'antique monastère, des enfants qui deviendront prêtres, missionnaires et religieux.

Ces enfants, choisis dans des familles pauvres, acceptés avec des garanties très sérieuses de piété, de conduite, d'aptitudes et de santé, sont, en général, totalement à la charge de l'Œuvre. C'est dire que nous avons besoin de tout ce qui est nécessaire pour nourrir et entretenir des enfants.

Les plus petites offrandes sont reçues avec reconnaissance. Des prières spéciales sont récitées, chaque jour, par les enfants aux intentions de leurs bienfaiteurs. Pour eux, la sainte messe est célébrée à l'autel de l'Archange, tous les lundis de l'année, tous les premiers samedis du mois et aux trois fêtes de saint Michel, 8 mai, 29 septembre et 16 octobre.

Pour les conditions d'admission, écrire au R. P. Supérieur du Mont-Saint-Michel.

ANNALES DU MONT-SAINT-MICHEL

Sous ce titre, les RR. PP. Missionnaires du Mont-Saint-Michel ont commencé, au mois d'avril 1874, une intéressante publication destinée à faire connaître et à répandre de plus en plus le culte de saint Michel.

Cette publication a été accueillie avec bonheur par tous les amis du Mont-Saint-Michel, par toutes les personnes qui en avaient accompli le pieux voyage ; elle leur en rappelait les consolantes et si étranges émotions... Et pour tant d'autres à qui il n'a pas encore été donné de visiter la sainte Montagne, les *Annales* leur font connaître, autant qu'il est possible par la description, les beautés si diverses que la nature et l'art ont rassemblées dans ce lieu unique, *Merveille de l'Occident*, et les initient en même temps à l'histoire de son passé, à sa vie nouvelle, aux progrès des œuvres qui s'y développent.

Les *Annales* paraissent actuellement tous les mois, par livraison de 24 pages in-8° très bien imprimées. Le prix est de 2 fr. par an ; pour l'étranger, 3 fr.

Pour les abonnements, s'adresser au R. P. Directeur des Annales au Mont-Saint-Michel.

ZÉLATEURS & ZÉLATRICES

DES ŒUVRES DE SAINT-MICHEL

Ce titre appartient aux personnes qui, se faisant les apôtres de saint Michel, propagent son culte, soutiennent ses œuvres; en un mot font connaître, aimer et vénérer l'Ange protecteur de l'Église et de la Patrie.

Un superbe diplôme illustré est délivré par le R. P. Supérieur du Mont-Saint-Michel à toute personne qui sollicite le titre de Zélateur ou de Zélatrice.

Nota. Pour plus amples renseignements sur les œuvres de saint Michel, demandez *la notice sur le Mont-Saint-Michel et ses œuvres.* On l'envoie *gratis* à quiconque en exprime le désir.

Donner son adresse bien lisible et bien complète.

Imprimatur.
12 février 1895.

A. M. LEGOUX,
v. g.

TABLE

Pèlerinage au glorieux Archange Saint Michel.

	PAGES
Faveurs et privilèges	1
Principales solennités	2
Exercices du pèlerinage	2

Chants pour le Pèlerinage.

CHANTS LITURGIQUES

Litanies des Saints	3
Ave maris Stella	7
Magnificat	7
Te Deum	8
Te splendor	10
Sancte Michael Archangele	11
O crux Ave	14
Domine salvum fac	14
Iste confessor	15
Cœlitum Regi	16

CANTIQUES

Saint Michel, à votre puissance	19
Saint Michel Archange des mers	22
Quis ut Deus !	25
O vous que Dieu	27
Puissant protecteur	30
Cœur transpercé	32
Ave Maria	35
Purs Esprits	36
Nous voulons Dieu	37

Pratiques de piété en l'honneur de Saint Michel.

Chapelet de saint Michel	39
Litanies de saint Michel	44
Petit Office de saint Michel	47
Consécration à saint Michel	53
Triduum à saint Michel	54
Hymne *Te splendor*	57
Prière : O très glorieux prince	59
Prières prescrites	61
Prière pour la France	64
Prières pour la bonne mort	65
Neuvaine à saint Michel	67

Les Œuvres du Mont-Saint-Michel.

Le culte de saint Michel	69
Neuvaines	70
Lampes	71
Consécrations	71
Ex-voto	72
Archiconfrérie de saint Michel	72
École apostolique du Mont-Saint-Michel	74
Annales du Mont-Saint-Michel	75
Zélateurs et Zélatrices de saint Michel	76

RENNES, IMP. FR. SIMON, SUCC^r DE A. LE ROY.

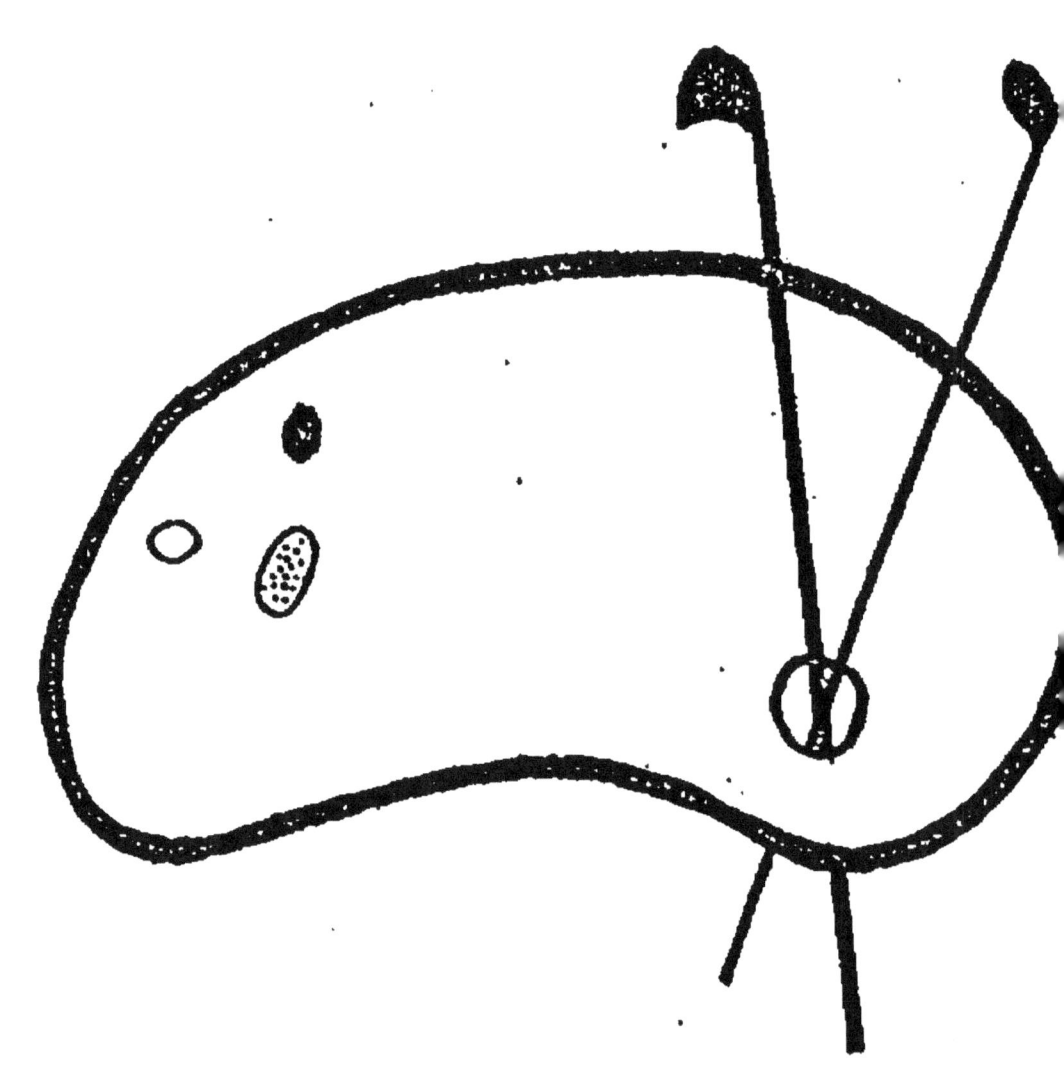

ORIGINAL EN COULEUR
NF Z 43-120-8

RENSEIGNEMENTS

Visite de la Basilique et de l'Abbaye. — L'abbaye, dont les clefs sont confiées à un gardien laïc, est ouverte aux visiteurs toute l'année, de neuf heures du matin à cinq heures du soir en hiver, de huit heures du matin à six heures du soir en été. On n'est admis à la visite que sous la conduite des guides ; aucune rétribution n'est exigée.

Visite du Trésor de Saint-Michel. — Ouvert seulement pendant la belle saison, de sept heures du matin à six heures du soir, le Trésor est sous la garde des Missionnaires de Saint-Michel.

La minime rétribution de 0,50 demandée à tous les visiteurs du Trésor (les enfants exceptés), est destinée au soutien des Œuvres religieuses établies sur la sainte montagne.

Objets Indulgenciés. — On observera qu'à moins de demande contraire, les objets de piété sont toujours indulgenciés avant d'être expédiés, mais alors ils ne peuvent plus être vendus, sous peine de perdre leurs indulgences.

www.ingramcontent.com/pod-product-compliance
Lightning Source LLC
LaVergne TN
LVHW050618090426
835512LV00008B/1542